Teacher's Book

MORE! 4

Ulrike Kamauf · Günter Gerngross
Herbert Puchta · Christian Holzmann

Teil A: Didaktischer Kommentar und Lehrstoffverteilung

Enriched course

HELBLING LANGUAGES

MORE! TEACHER'S BOOK 4 – TEIL A
ENRICHED COURSE

by
Ulrike Kamauf
Günter Gerngross
Herbert Puchta
Christian Holzmann

www.helblinglanguages.at

Design and layout by Pixarte

Printed by Athesia

First published 2010

Second edition 2011, fifth print run 2016

ISBN 978-3-85272-215-3

Contents

Einleitung

Die Konzeption von MORE!

MORE! ist ein neu konzipiertes Lehrwerk für den Unterricht mit zehn- bis vierzehnjährigen Schülerinnen und Schülern, das auf wesentlichen Erkenntnissen der Entwicklungspsychologie und der kognitiven Psychologie aufbaut, sich an den neuesten Entwicklungen im modernen Englischunterricht orientiert und mit seiner klaren, übersichtlichen Struktur eine zielsichere Entwicklung der fremdsprachlichen Fertigkeiten der Schüler/innen ermöglicht. MORE! wurde im Einklang mit den Zielen des Gemeinsamen Europäischen Referenzrahmens für Sprachen (GERS) erstellt. Die Schüler/innen werden, gemäß den Zielsetzungen des GERS, gründlich und nachhaltig auf den Erwerb kommunikativer Fertigkeiten, interkultureller Kompetenzen sowie auf Sprachlernstrategien vorbereitet.

MORE! 4 baut auf den Kenntnissen und Fertigkeiten auf, die die Schüler/innen in den ersten drei Lernjahren erworben haben. Das Lehrwerk ist den Schülerinnen und Schülern, die bereits mit MORE! Band 1, 2 & 3 gearbeitet haben, in der Handhabung bestens vertraut. Die Texte und Übungen sind wiederum sehr übersichtlich gestaltet und bieten eine Vielzahl an Übungsmöglichkeiten.

Die wichtigsten Neuerungen an MORE! 4

- **MORE! 4** bietet ein **breites Angebot an Textsorten und interessanten Inhalten**. Authentische Geschichten, spannende Themen mit klarem Realitätsbezug, Stories über das Leben gleichaltriger Jugendlicher in anderen Kulturen und Ländern, sowie interessante Erfahrungsberichte fördern das Lese- und Hörverstehen der Schüler/innen. Im vierten Jahr mit MORE! lernen die Schüler/innen, sich mündlich und schriftlich fundiert auszudrücken. Sie sind in der Lage, sich mit umfangreicheren Texten zu verschiedenen Themenkreisen intensiv auseinanderzusetzen. Dabei werden, wie in den Jahren davor, für die Altersstufe relevante Themen behandelt.
  Einige Texte im *Student's Book* sind mit einem MP3-Symbol versehen. Diese Texte können von den Jugendlichen gratis als MP3-Files aus dem Internet heruntergeladen werden. Dies gilt auch für einige *Songs* im vierten Jahr.
- MORE! 4 ist ein **leistungsdifferenziertes Lehrwerk**, das sowohl Aufgabenstellungen für leistungsstärkere als auch für leistungsschwächere Gruppen bietet. Die Differenzierung des Unterrichtsmaterials ermöglicht eine Anpassung an das Lernniveau der Schüler/innen und gibt realistische Aufgaben und Zielsetzungen vor. Somit wird der Unterricht mit MORE! 4 den unterschiedlichen Anforderungen des Unterrichtsalltags gerecht.
  MORE! 4 steht in zwei unterschiedlichen Versionen zur Verfügung: **MORE! 4 Basic Course** ist für den Unterricht in heterogenen Lerngruppen konzipiert, in denen es ein starkes Leistungsgefälle mit auch lernschwächeren Schülerinnen und Schülern gibt. Die Units der *Basic Course*-Ausgabe stimmen weitgehend mit den Inhalten und Themen des *Enriched Course* überein. Die Texte sind für lernschwächere Schüler/innen insofern aufbereitet, als häufig Illustrationen als Verstehenshilfen eingesetzt werden und sowohl Wortschatz als auch Syntax vereinfacht wurden. **MORE! 4 Enriched Course** ist für den Unterricht in leistungsstärkeren Klassen gedacht. Die Texte sind umfangreicher und sprachlich schwieriger als im *Basic Course* gestaltet. In den *Teacher's Books* zu beiden Ausgaben finden Sie zahlreiche Hinweise und in einem separaten Teil B zusätzliche Arbeitsblätter, die als Angebot zur Differenzierung und Individualisierung in Ihrer Klasse herangezogen werden können.
- MORE! 4 gibt den Schülerinnen und Schülern, wie schon in den ersten drei Lernjahren, die Möglichkeit, ihren **Lernfortschritt** regelmäßig und selbstständig zu **evaluieren**. Der **Progress Check** im *Student's Book* (jeweils am Ende der Unit 4, 8, 11 und 14) bietet Übungen, die die Schüler/innen im vierten Lernjahr in den Kompetenzbereichen *Listening, Reading, Grammar, Vocabulary* und *Dialogue* zur Selbstreflexion veranlassen. Die Schüler/innen bewerten mit Hilfe des *Progress Check* ihren Lernfortschritt selbst.
- MORE! 4 unterstützt den Spracherwerb der Schüler/innen durch eine **Fülle an authentischen Materialien**, z.B. den DVD Kurzfilmen *The Mag*. Diese bieten Einblicke in das Leben einer Gruppe englischer Jugendlicher, die gemeinsam in der Redaktion einer britischen Schülerzeitung arbeiten. In den Episoden werden, neben den interessanten Inhalten, vor allem moderner Sprachgebrauch und zeitgemäßer Wortschatz mit aktuellen *chunks of language* präsentiert.
- Viele Texte im *Student's Book* sind authentisch aufbereitet (*Magazine texts, interviews, fact sheets, extracts, stories, cartoons, etc.*), um die Schüler/innen der Altersgruppe gezielt anzusprechen.
- In MORE! 4 werden zahlreiche **alltagsrelevante Themen für die Altersgruppe** präsentiert, z.B. Probleme im Umgang mit Gleichaltrigen, die Berufswelt und zukünftige Berufsvorstellungen, gesunde Ernährung und Essstörungen, Jugendtrends wie z.B. Piercing, Lesevorlieben, etc. Sachtexte liefern Informationen zu landeskundlichen Themen (z.B. zu Irland, Boston, Australien) und verschiedenen historischen Anlässen (*History of Ireland, Salem Witch Trials, space travel, etc.*). Ebenso werden auch anspruchsvolle Themen aus der Erlebniswelt Erwachsener wie z.B. Hungersnöte, Rassismus oder

Fair Trade behandelt. Der Abschnitt **Get talking** im *Student's Book* bietet viele unterschiedliche Redeanlässe, die die Schüler/innen ermutigen, ihre eigene Meinung zum Ausdruck zu bringen, diese ausführlich zu begründen und überzeugend zu argumentieren. Sprachlich werden sie dabei durch die im Buch vorgegebenen Strukturen unterstützt. In den Aufgaben des Abschnitts lernen die Schüler/innen, länger zu einem Thema zusammenhängend zu sprechen. Die zahlreichen Redeanlässe dienen auch der Vorbereitung auf das zusammenhängende Sprechen in den Bildungsstandardsprüfungen.

- Anschließend an die Units des *Student's Book* befindet sich der Abschnitt **CLIL** (*Content and Language Integrated Learning*), in dem vier Themengebiete aus anderen Unterrichtsgegenständen für den fächerübergreifenden Englischunterricht aufbereitet sind. Der Einsatz der CLIL-Themen bietet sich in Verbindung mit folgenden Units bzw. Fächern an:
  Early US history → Unit 4, History
  Glaciers → Science
  That nasty flu → Biology
  The city of Vancouver → Geography
- MORE! 4 bereitet die Schüler/innen gezielt auf **Bildungsstandards** vor. Die Übungen, die den Anforderungen der Bildungsstandardsüberprüfungen entsprechen, sind im *Student's Book* mit einem speziellen Symbol gekennzeichnet (→ BiSt). Die Übungen im *Workbook* (im Abschnitt *Meet the Standards*) bieten den Schülerinnen und Schülern ebenfalls die Möglichkeit, die Prüfungsformate zu den Bildungsstandards kennenzulernen und diese in den Bereichen *Listening, Reading, Speaking* und *Writing* selbst zu erproben.
- MORE! 4 ist durch seine **multimediale Aufbereitung** vielseitig einsetzbar. Die **DVD** mit den neun Episoden von *The Mag* ist in die Units im *Student's Book* integriert. Hier wird – neben der spannenden Darbietung der Geschichten – auf die Vermittlung von in der Alltagskommunikation häufig verwendeten Phrasen besonderer Wert gelegt. Die in den Episoden verwendeten *chunks of language* werden mit Hilfe des *Student's Book* in der Klasse geübt und in den Wortschatzübungen des *Workbook* weiter vertieft (→ *Everyday English*).
- Eine **Schularbeitenmappe** sowie eine separate **Test builder CD-ROM**, aus der einzelne Elemente flexibel gewählt werden können, helfen Ihnen bei der effizienten Zusammenstellung der Schularbeiten.
- Die **Online-Lernplattform** bietet ein breites Angebot an weiterem Übungsmaterial. Sie verfügt auch über eine **Cyber Homework**-Funktion; bis zu 30-mal pro Schuljahr können Sie Aufgaben Ihrer Schüler/innen zeitsparend per Mausklick kontrollieren und die Ergebnisse der *Homework* beurteilen. Das gesamte Material ist auch als Offline-Variante als Kopiervorlage erhältlich.

  Das **SbX-Angebot zu MORE! 4** bietet Ihren Schülerinnen und Schülern ein weiteres umfassendes Übungsangebot für die Schule und für zu Hause.

Entwicklungspsychologische Überlegungen

Die Schüler/innen, die den vierten Band von MORE! im Unterricht verwenden, erleben eine wichtige Übergangsphase von der Kindheit zur Adoleszenz. Die Gedanken und Gefühlswelt vieler 14-Jähriger sind in dieser Zeit widersprüchlich und lassen sich am besten mit dem Satz „Nach außen cool – nach innen unsicher" beschreiben. Geprägt wird diese Phase durch verstärkte Zweifel an den eigenen Fähigkeiten und einer wachsenden Distanz zu Eltern und Lehrerinnen und Lehrern, von denen sich die Jugendlichen oft unverstanden bzw. eingegrenzt fühlen. Die Beschäftigung mit der Gruppe der Gleichaltrigen nimmt zu; die gleichaltrige *peer group* dient als wichtiger Identifikationsfaktor auf der Suche nach der eigenen Identität. Die Interessen der Schüler/innen beginnen sich signifikant zu ändern. Die Lehrer/innen haben in dieser Phase die Aufgabe, ihre Schüler/innen zu unterstützen und auf den Entwicklungsstand sowie die raschen Veränderungen im Leben der Jugendlichen im Unterricht einzugehen. Kindgerechte Themen und phantasievolle Geschichten, die in den ersten drei Bänden von MORE! überwiegen und von einem Konflikt zwischen Gut und Böse, Liebe und Hass, etc. getragen sind, verlieren an Attraktivität. Viele Jugendliche reden in dieser Phase ungern über sich und ihre Gefühle. Es ist für die Altersgruppe oft interessanter, über Erfahrungen, die weit weg von der eigenen Lebenswelt liegen, zu sprechen. Je ungewöhnlicher, extremer und detailreicher Inhalte sind, umso eher werden die Schüler/innen bereit sein, dazu Stellung zu nehmen. Psychologisch gesehen sind solche Inhalte deshalb so attraktiv für die Schüler/innen, weil die Auseinandersetzung mit wenig persönlichen Themen von den eigenen Zweifeln und Unsicherheiten ablenkt. Die Suche nach Identifikationsfiguren, nach *heroes* und *heroines* aus der Welt der Musik, des Films und des Sports ist ein wichtiges Merkmal dieser Phase des Heranwachsens, da diese *heroes* und *heroines* Eigenschaften verkörpern, die die Jugendlichen bei sich selbst suchen, um in einer als oftmals bedrohlich empfundenen Welt bestehen zu können: Mut, Kreativität, Freundschaft, Klugheit, Entschlusskraft, Liebe, Toleranz, etc. Der Erziehungswissenschaftler Kieran Egan zeigt in seinem Buch *Romantic Understanding* (1990) auf, welche Inhalte besonders geeignet sind, Jugendliche dieser Altersgruppe anzusprechen:

- Themen mit zunehmenden Realitätsbezug, die oft weit entfernt von der eigenen Lebenswelt sind
- Denkanstöße zur Auseinandersetzung mit Menschen aus anderen Kulturen sowie deren Einstellungen und Lebensgewohnheiten
- Geschichten über das Leben gleichaltriger Jugendlicher in anderen Ländern
- Texte über Heldinnen und Helden des Alltags, die zahlreiche Identifikationsmöglichkeiten und somit eine Orientierungshilfe für das eigene Leben bieten.

Diesen bedeutenden entwicklungspsychologischen Umständen wurde in der Konzeption von MORE! 4 Rechnung getragen. MORE! 4 bietet eine Fülle an abwechslungsreichen Themen und Textsorten, die auf die Bedürfnisse der Altersgruppe abgestimmt sind. Die einzelnen Units werden durch humorvolle *sketches, poems* und *cartoons* illustriert und abgerundet.
Bei der Entwicklung von MORE! wurde selbstverständlich auch bedacht, dass die meisten Jugendlichen bestens mit dem Umgang moderner Technologien vertraut sind und ihnen auch zu Hause ein Computer mit Internet-Zugang zur Verfügung steht. Die Schüler/innen werden daher keine Probleme haben, das multimediale Zusatzangebot zu nützen – ganz im Gegenteil, es wird in vielen Fällen ein weiterer Anreiz sein, sich auch zu Hause ausführlicher mit der Fremdsprache auseinanderzusetzen.

MORE! 4 unterstützt die Schüler/innen durch

- **ein Konzept, das die Interaktion mit anderen und menschliche Werte betont:**
  Die Rolle der Lehrer/innen geht weit über die Vermittlung von Fremdsprachen hinaus. Die gelungene Interaktion mit anderen und der respektvolle Umgang miteinander werden in der Klasse gefördert. Wichtige menschliche Werte, die in der Entwicklung der Jugendlichen eine große Rolle spielen, werden durch die Inhalte von MORE! 4 angesprochen, z.B.: Freundschaft, Toleranz gegenüber anderer Kulturen und Nationalitäten, umweltbewusstes Verhalten, die Entwicklung von Verständnis und Empathie für andere, kritisches Denken, etc.
- **eine ausgewogene Mischung von Unterrichtsaktivitäten in der Klasse und individuellem Training:**
  MORE! 4 unterstützt die Schüler/innen durch ein reichhaltiges Angebot an Übungen, die einzeln bzw. in Partner- oder Gruppenarbeit durchgeführt werden können. Die Auswahl berücksichtigt verschiedene Lerntypen und das unterschiedliche Lernniveau der Schüler/innen. Der Schwierigkeitsgrad reicht von eher einfachen Aktivitäten zu sehr anspruchsvollen Übungen.
- **ein breites Spektrum an ernsthafteren Themen und humorvollen Texten:**
  Humor ist ein wichtiges Element im Fremdsprachenunterricht und ermöglicht den Schülerinnen und Schülern spielend, Strukturen und Redemittel der Sprache aufzunehmen und anzuwenden. Der informative Gehalt der Texte im *Student's Book* wird immer wieder durch *cartoons* und kurze *sketches* aufgelockert (ebenso die Informationen der *Grammar Boxes* am Ende der Units). Wie in den vorangegangenen Jahren unterstreicht der Cartoon mit dem Hund Fido am Ende jeder Unit die humorvolle Komponente.
- **eine CAN DO Lernkultur:**
  Den Schülerinnen und Schülern werden ausreichend Möglichkeiten geboten, unterschiedliche Themen in der Fremdsprache zu behandeln, diese zu diskutieren und eine eigene Meinung auszudrücken. In authentischen Situationen werden das Kommunikationsverhalten sowie kritisches Denken geschult und die Kreativität der Schüler/innen wird gefördert. Die Kinder sind aufgefordert, sich aktiv am Geschehen zu beteiligen und eigene Texte zu verfassen. Die fortlaufende Gestaltung des Portfolios dokumentiert den Lernzuwachs der Schüler/innen. Das zusätzliche Übungsmaterial der Online-Lernplattform ermöglicht den Jugendlichen, auch außerhalb des Klassenzimmers Feedback über ihren Lernzuwachs zu bekommen und ihre Kenntnisse der Fremdsprache individuell zu vertiefen.

Der Aufbau von MORE! 4

MORE! (Band 4) besteht aus folgenden Komponenten:
Für die Hand der Schüler/innen:

- Student's Book (Basic Course / Enriched Course)
- Workbook
- Gratis Übungsmaterial über die Online-Lernplattform www.helbling-ezone.com:
  Cyber Homework
  Gratis MP3-Downloads
  Online Progress Checks
  Interaktive Lernspiele
- MORE! 4 SbX SchulbuchExtra (Internetergänzung)
- DVD-ROM mit Schularbeiten-Training

Für die Hand der Lehrer/innen:

- 2 Audio-CDs
- DVD (9 Episoden der Teen Soap *The Mag*)
- Teacher's Book (+ Kopiervorlagen)
- Schularbeitenmappe mit Test builder CD-ROM und Audio-CD
- Cyber Homework – Offline Kopiervorlagen
- DVD-ROM Netzwerkversion für den Klasseneinsatz

Die einzelnen Komponenten von MORE! 4 sind so aufeinander abgestimmt, dass sich für Lehrer/innen und Schüler/innen eine klar strukturierte Abfolge für den Unterrichtsverlauf ergibt.

Das **Student's Book** umfasst im vierten Band 14 Units und eine EXTRA Unit sowie vier CLIL-Abschnitte. Auf den CLIL-Seiten werden Themengebiete aus anderen Unterrichtsgegenständen auf Englisch präsentiert (*History, Science, Biology, Geography*). Die CLIL-Einheiten sind flexibel einzusetzen. Sie eignen sich ideal zur Interessens- und Leistungsdifferenzierung und bieten eine zusätzliche Herausforderung für die Schüler/innen, die neuen Themen in Form von *mini-projects*, Partner- und Gruppenarbeiten zu erarbeiten.

Durch eine übersichtliche Kennzeichnung im *Student's Book* wird auf das zusätzliche Übungsmaterial hingewiesen.

1 CD 1 Dazu gibt es eine Tonaufnahme auf CD (obere Zahl: Tonspur / untere Zahl: CD Nummer)

SbX Dazu gibt es eine interaktive Übung im Internet (SbX)

MP3 Dazu gibt es für die Schüler/innen eine Audio-Aufnahme als Gratisdownload im Internet (www.helbling-ezone.com)

DVD Dazu gibt es einen Film auf DVD

● einfachere Aufgabenstellung

■ mittlerer Schwierigkeitsgrad

★ anspruchsvolle Aufgabenstellung

▶ CYBER HOMEWORK 15 Dazu gibt es eine Hausübung im Internet (www.helbling-ezone.com)

▶ WB p.15 Dazu gibt es passende Übungen im Workbook (auf Seite 15)

1 Diese Übung gehört zum Kernstoff und sollte nicht ausgelassen werden.

2 Diese Übung kann bei Zeitmangel im Sinne eines "Fast track" durch die Unit ohne Probleme ausgelassen werden.

Die Querverweise auf passende Übungen im *Workbook*, im SbX, oder auf der Online-Lernplattform ermöglichen ein effizientes Unterrichten. Machen Sie die Schüler/innen auf die Symbole aufmerksam; so können sie das individuelle Zusatzangebot auch zu Hause nutzen: z.B. das MP3-Symbol bei einer Übung bedeutet, dass diese von der Internet-Plattform heruntergeladen werden kann.

Zusatzmaterial auf DVD:

Teen Soap: *The Mag*

In *The Mag* werden in neun weiteren Episoden die Erlebnisse von den vier aus MORE! 3 bereits bekannten Jugendlichen, die gemeinsam in der Redaktion einer Schülerzeitung arbeiten, gezeigt. In den einzelnen Episoden werden altersrelevante Themen (z.B. Konkurrenzverhalten in der Redaktion, die Beweggründe von Vegetariern, ein möglicher Umzug ins Ausland, etc.) und Szenen aus dem täglichen Leben geschildert. Dabei werden von den Jugendlichen im Alltag häufig übliche Phrasen in authentischen Situationen verwendet. Die Episoden wurden an englischen Originalschauplätzen gedreht, die Darsteller/innen sind *native speakers*. Die Alltagssprache der Jugendlichen wird in den Übungen im *Student's Book* gefestigt. So haben die Schüler/innen die Möglichkeit, anhand der Situationen imitativ wichtige *chunks of language* zu erlernen und die neuen *lexical chunks* in den eigenen Sprachgebrauch zu integrieren und diese fortlaufend im Unterricht zu verwenden.

Das **Workbook** bietet ein breites Angebot an weiteren Übungsmöglichkeiten. Zu Beginn jeder Unit werden in einer *Revision* die erlernten Strukturen der vorangegangenen Unit weiter gefestigt und wiederholt. Im *Workbook* des vierten Lernjahres befinden sich einige umfangreichere Texte, die das Leseverstehen der Schüler/innen überprüfen.
Sämtliches Übungsmaterial im *Workbook* ist mit Symbolen versehen, die das Differenzierungskonzept von MORE! widerspiegeln: (siehe Symbole *Student's Book*). Die Symbole ermöglichen einen leistungsdifferenzierten, dem Niveau der Klasse angepassten Unterricht. Der neue Wortschatz wird am Ende jeder Unit in einem *Word File* und in dem Abschnitt *Words and Phrases* zusammengefasst; die *Word Files* bieten in abwechslungsreichen Illustrationen assoziative Begriffe zu den Themenbereichen und können jederzeit erweitert werden. Wichtig ist es, beim Vokabellernen die muttersprachliche Übersetzung möglichst auszuschalten; in assoziativen und kontextualisierten Auflistungen wie in den *Word Files* erhalten die Schüler/innen eine gute Grundlage, neue Wörter zu übernehmen ohne diese ins Deutsche übersetzen zu müssen.

Das **Teacher's Book** besteht aus zwei Teilen. Im ersten Kommentarteil erhalten Sie ausführliche Hinweise zu den einzelnen Units, differenzierte Zusatzmaterialien und Tipps zum Einsatz im Unterricht. Der zweite Teil besteht aus fotokopierbaren Arbeitsblättern (*Worksheets*), die Ihnen bei jeder Unit als optionales Zusatzmaterial zur Verfügung stehen. Diese Arbeitsblätter sind mit dem entsprechenden Symbol für leistungsschwächere bzw. -stärkere Schüler/innen gekennzeichnet (s. oben unter *Student's Book*) und können in vielfältiger Weise eingesetzt werden:

- als Material zur Differenzierung
- als Zusatzmaterial für schneller arbeitende Schüler/innen
- als Übungsmaterial für Wiederholungen des Unterrichtstoffes zu einem späteren Zeitpunkt
- als Material für *self-assessment*
- eventuell als Aufgabe, die die Schüler/innen zu Hause erledigen.

MORE! 4 Enriched Course – Lehrstoffverteilung 4. Klasse AHS und HS (High achievers)

		KERNBEREICH				ERWEITERUNGSBEREICH
Zeitraum	***Unit/Thema***	**Lese- und Hörtexte**	**Sprechen / Schreiben**	**Redemittel/Strukturen**	**Übungen**	**MORE!**
September	*1* ***Welcome to Ireland***	*Do you know Ireland? (quiz)* *A very short history of Ireland* *Zoo staff are out-foxed* *A traditional Irish story* *Interview with Anna from Denmark* *A trip to Glendalough* *A song 4U: Will you remember?*	*Do you know Ireland?* *A place you'd (not) like to visit* *Free flow* *A place you'd like to visit* *A holiday adventure* *Pronunciation: Elision*	*put down, army, intention, majority, starving, cattle, cheer, century, potato crop, landlord;* *staff, exotic, surround, population, whistle, out-fox; servant, knife, cellar, brick, lantern, village, spoon, fork* *Everyday English: Whatever. Piece of cake! How does that grab you? What a nerve!* *Past continuous (Revision)*	*Workbook* *1 – 4,* *6 – 7,* *9 – 12*	*SbX (SB 1, 11; Grammar)* *MP3: 2, 11* *WB 5, 8; Everyday English* *More fun with Fido* *CYBER HOMEWORK 1, 2* *DVD The Mag 1: The competition*
	2 ***The Curious Case of the Locked Room***	*At Murdoch Towers* *Talking to Belinda* *Live on air* *A song 4U: Tango at the Blue Bar*	*Who do you think is the murderer?* *Police Crime Report* *The names of the people* *Make notes / complete notes* *Write a story "Another case for Inspector Fell"* *Pronunciation: /ɑː/vs. /ʌ/*	*blackmail, crime, evidence, suspects, victim, murderer, weapon, witnesses* *Everyday English: It's not the end of the world. How could you? Don't you dare! Have you got a moment?* *Past perfect*	*Workbook* *2* *4* *10 – 11* *13 – 14*	*SbX (SB 10, 16; Grammar)* *MP3: 13, 16* *WB 1, 3, 5 – 9, 12; Everyday English* *More fun with Fido* *CYBER HOMEWORK 3, 4*
October	*3* ***Kids speak out***	*Westview School Magazine: ME* *The Daily News: Annabel speaks out* *Andrew's email* *Is it over?* *An interview with four teenagers*	*Dialogue practice: What are your hobbies? What's really important?* *Is it really over?* *An answer to a letter in a youth magazine* *Pronunciation: final consonants* /d/ vs. /t/ /b/ vs. /p/ /g/ vs. /k/	*mate, average, to chat up, to update, abroad, kiddies* *want someone to do something* *Connecting ideas: because, although, however, so that, in order to*	*Workbook* *6 – 10* *14 – 16*	*SbX (SB 1, 7; Grammar)* *MP3: 3, 7* *WB 1 – 5, 11 – 13* *More fun with Fido* *CYBER HOMEWORK 5, 6*
November	*4* ***Beautiful Boston***	*Boston online* *The Salem witch trials* *Boston's sports teams* *The Boston Tea Party*	*Say what you would / wouldn't* *Say what you think* *Retell the story of "The Boston Tea Party"*	*Everyday English: What are you up to? By the way... Let's get cracking! Are we still on for ...?* *say vs. tell* *Reported speech*	*Workbook* *4 – 9* *11 – 12*	*SbX (SB 1, 10; Grammar)* *MP3: 1, 4* *WB 1 – 3, 10; Everyday English* *More fun with Fido* *CYBER HOMEWORK 7, 8* *DVD The Mag 3: Stern gets worried* *CLIL: Early US History* *CLIL:The city of Vancouver*
	Progress check Units 1 – 4				*Student's Book*	
	5 ***A working life***	*So you want to be an event manager* *How to do a good job interview* *Two teenagers with unusual careers* *Two people talking about a job interview*	*Talking about jobs* *Each of you picks two jobs* *How should you behave in interviews* *Complete the email* *Complete the job application form*	*Professions* *Match definitions* *Questions in reported speech*	*Workbook* *4 – 14*	*SbX (SB 1, 12; Grammar)* *MP3: 9* *WB 1 – 3* *More fun with Fido* *CYBER HOMEWORK 9, 10*

December	**6** **Hungry?**	World hunger Jamie Oliver and Feed me better Feed me better.com Shannon	Compare your ideas Talk about food Talk about eating habits Talk about Shannon Write Paul a letter Pronunciation: /æ/ vs. /ʌ / vs. /e/	Food items Food quality Everyday English: Beats me! Go right ahead. Between me and you. Not as far as I know Past perfect (Revision)	Workbook 1 – 13	SbX (5, 13; Grammar) MP3: 6, 13 WB Everyday English More fun with Fido CYBER HOMEWORK 11, 12 DVD The Mag 4: The meat debate Extra Unit: Benjamin Zephaniah "Talking Turkeys"
January	**7** **Superheroes**	Summary of the play Christopher Reeves and Halle Berry (biographies) Happy Birthday, Superman! Nightmare over the city A song 4U: Superhero	Talk about superheroes Say what you think about the song Talk about the band Agreeing / disagreeing with what someone says Write a story: Nightmare over the city Create a superhero	Superman fact file pleasant, result, breakthrough, nightmare, ray, research, swallow, cure, coma Adverbs of manner (Revision) Question tags	Workbook 1 – 8 10 – 13	SbX (SB 2, 12; Grammar) MP3: 3, 12 WB 9 More fun with Fido CYBER HOMEWORK 13, 14
January / February	**8** **Travelling down under**	Quiz: Australia Australia's flying doctors Travel blog A story from Australia	Quiz: Australia Talk about adventurous jobs Internet research A holiday adventure	gun, load a horse, feed a horse, leaves, die of thirst, tracker Everyday English: I know how you feel. How come? Not on your life! It's not really my scene. Present simple for future	Workbook 1 – 12	SbX (SB 3, 7; Grammar) MP3: 7 WB Everyday English More fun with Fido CYBER HOMEWORK 15, 16 DVD The Mag 5: Australia CLIL:The city of Vancouver
	Progress check **Units 5 – 8**				Student's Book	
March	**9** **Body Talk**	A short history of piercing Gestures and body language Goth (a story) Listen to the end of the story	Discussion on piercing Discussing on travel abroad Questions and discussion Making notes on pictures Write an ending for the story Pronunciation: /p/ at the beginning of words	Weddings Everyday English: Pleased to meet you. Don't mention it. I'll see what I can do. That's settled. might, may, could (possibility)	Workbook 1 – 12	SbX (SB 1, 9;G grammar) MP3: 1, 9 WB Everyday English More fun with Fido CYBER HOMEWORK 17, 18 DVD The Mag 6: A visitor abroad CLIL: The nasty flu
	10 **Crazy collectors**	Mr Sandman The day Britain's biggest egg collector climbed his last tree The story of Don Vicente	Answer the questions Say what you think Interview three classmates Report to the class Unusual hobbies *Write your own texts	Use a dictionary to check Present perfect vs. past simple Time expressions	Workbook 1 – 14	SbX (SB 1, 14; Grammar) MP3: 1, 7 *SB 15 More fun with Fido CYBER HOMEWORK 19, 20

April	**11** ***A fair world?***	*Did you know …?* *Hard work for little money* *Living together in harmony* *A journalist talking about coffee* *A song 4U: Ebony and Ivory*	*Discussion about Fair Trade* *Say what the writers feel* *Say what you think about racism* **Design a website for a fair world*	*Angry, helpless, proud, annoyed, hurt, shocked, frustrated, misunderstood, surprised* *3rd conditional*	*Workbook* *1* *3 – 13*	*SbX (SB 1, 6; Grammar)* *MP3: 1* **SB 13* *WB 2* *More fun with Fido* *CYBER HOMEWORK 21, 22* *CLIL: Glaciers*
	Progress check Units 9 – 11				*Student's Book*	
	12 **Ready for reading**	*The Boy in the Striped Pyjamas (book review / dramatized passages)* *Uglies (extract)* *Away Laughing on a Camel (extract)* *Study tip* *Teenagers talk about their favourite books*	*Which of these books look interesting?* *Discuss the questions* *What are you reading?* *Do you know …?* *Write a blurb* *Write Georgia's next diary entry* *Continue the story* *Write a book report* *Pronunciation: rhythm and stress*	*Types of books* *Everyday English: Leave it out. The penny's dropped. I doubt it. Get out of here!* *Reflexive pronouns*	*Workbook* *1 – 13*	*SbX (SB 6, 12; Grammar)* *MP3: 2* *WB Everyday English* *More fun with Fido* *CYBER HOMEWORK 23, 24* *DVD The Mag 7: Sales figures*
May	**13** ***Space***	*Facts about space travel* *How things work: rocket engines* *The price (a story)* *Radio news* *Radio advert* *A song 4U: Ticket to the Moon*	*Would you like to travel into space?* *What facts do you know?* *Test each other* *Think of the story behind the song* *How could the story continue?*	*space shuttle, orbit, astronaut, plaque, explosion, asteroid* *Everyday English: Cross my heart. A matter of life and death. Don't just stand there! I might have known!* *Phrasal verbs*	*Workbook* *2 – 11*	*SbX (SB 3, 7; Grammar)* *MP3: 3* *WB 1; Everyday English* *More fun with Fido* *CYBER HOMEWORK 25, 26* *DVD The Mag 8: UFOs!*
June	**14** ***A school mag***	*Fly High school magazine:* *July around the world* *Chill out at Guilfest* *Wimbledon for free* *A festival in southern India* *Listen to the story*	*Talk in groups: What's so great about July?* *Think of a story to go with the picture* *Choose a month* *Articles for your magazine* *Write a summary of the story* *What emotions do you think Emma felt?* *Pronunciation: stress*	*Everyday English:* *Lucky you! Better late than never. Let me guess. Here's to us!* *Prefixes and suffixes*	*Workbook* *1 – 12*	*SbX (SB 1, 4; Grammar)* *WB Everyday English* *More fun with Fido* *CYBER HOMEWORK 27, 28* *DVD The Mag 9: Here's to us!*
	Progress Check Units 12 – 14				*Student's Book*	
	MEET THE STANDARDS					***WB pp. 92 – 104***

MORE! 4 Enriched Course – Lehrstoffverteilung 4. Klasse HS (Intermediate achievers)

		KERNBEREICH				ERWEITERUNGSBEREICH
Zeitraum	***Unit/Thema***	**Lese- und Hörtexte**	**Sprechen / Schreiben**	**Redemittel/Strukturen**	**Übungen**	**MORE!**
September	1 ***Welcome to Ireland***	*Quiz: Do you know Ireland?* *A very short history of Ireland* *Zoo staff are outfoxed* *A traditional Irish story* *Interview with Anna from Denmark* *A trip to Glendalough* *A song 4U: Will you remember?*	*Do you know Ireland?* **A place you'd (not) like to visit* *A place you'd like to visit* *A holiday adventure* *Pronunciation: Elision*	*put down, army, intention, majority, starving, cattle, cheer, century, potato crop, landlord;* *staff, exotic, surround, population, whistle, out-fox;* *servant, knife, cellar, brick, lantern, village, spoon, fork* *Everyday English: Whatever. Piece of cake! How does that grab you? What a nerve!* *Past continuous (Revision)*	*Workbook* *1 – 4,* *6 – 7,* *9 – 12*	*SbX (SB 1, 11; Grammar)* *MP3: 2, 11* *SB 9, *13* *WB 5, 8; Everyday English* *More fun with Fido* *CYBER HOMEWORK 1, 2* *DVD: The Mag 1: The competition*
	2 ***The Curious Case of the Locked Room***	*At Murdoch Towers* *Talking to Belinda* *Live on air* *A song 4U: Tango at the Blue Bar*	**Who do you think is the murderer?* *Police Crime Report* *The names of the people* *Make notes / complete notes* *Write a story "Another case for Inspector Fell"* *Pronunciation: /ɑː/ vs. /ʌ/*	*blackmail, crime, evidence, suspects, victim, murderer, weapon, witnesses* *Everyday English: It's not the end of the world. How could you? Don't you dare! Have you got a moment?* *Past perfect*	*Workbook* *1 – 4* *10 – 11* *13 – 14*	*SbX (SB 10, 16; Grammar)* *MP3: 13, 16* **SB 9, 16* *WB 5 – 9, 12; Everyday English* *More fun with Fido* *CYBER HOMEWORK 3, 4* *DVD The Mag 2: The rivals*
October	3 ***Kids speak out***	*Westview School Magazine:. ME* *The Daily News: Annabel speaks out* *Andrew's email* *An interview with four teenagers*	*Dialogue practice: What are your hobbies? What's really important?* **Is it really over?* *An answer to a letter in a youth magazine* *Pronunciation: final consonants /d/ vs. /t/ /b/ vs. /p/ /g/ vs. /k/*	*Mate, average, to chat up, to update, abroad, kiddies* *Want someone to do something* *Conjunctions: because, although, however, so that, in order to*	*Workbook* *1 – 4* *6 – 10* *12 – 16*	*SbX (SB 1, 7; Grammar)* *MP3: 3, 7* ** SB 7* *WB 5, 11* *More fun with Fido* *CYBER HOMEWORK 5, 6*
	4 ***Beautiful Boston***	*Boston online* *Boston's sports teams* **The Salem witch trials* *The Boston Tea Party*	*Say what you would / wouldn't* *Say what you think* *Retell the story of "The Boston Tea Party"*	*Everyday English: What are you up to? By the way … Let's get cracking! Are we still on for …?* *say vs. tell* *Reported speech*	*Workbook* *1 – 9* *11*	*SbX (SB 1, 10; Grammar)* *MP3: 1, 4* **SB 3 – 4* *WB 10, 12; Everyday English* *More fun with Fido* *CYBER HOMEWORK 7, 8* *DVD The Mag 3: Stern gets worried* *CLIL: Early US History* *CLIL:The city of Vancouver*
November	***Progress check Units 1 – 4***				*Student's Book*	
	5 ***A working life***	*So you want to be an event manager* *Two teenagers with unusual careers* *Two people talking about a job interview*	*Talking about jobs* *Each of you picks two jobs* ** How should you behave in interviews* *Complete the job application form* *Pronunciation: /ə/*	*Professions* *Match definitions* *Questions in reported speech*	*Workbook* *1 – 6* *8 – 9* *11 – 14*	*SbX (SB 1, 12; Grammar)* *MP3: 9* ** SB 12 – 13* *WB 7, 10* *More fun with Fido* *CYBER HOMEWORK 9, 10*

December	**6** **Hungry?**	*World hunger* *Jamie Oliver and Feed me better* *Feed me better.com* *Shannon*	*Compare your ideas* *Talk about food* *Talk about eating habits* *Talk about Shannon* *Write Paul a letter* *Pronunciation:* */æ/ vs. /ʌ / vs. /e/*	*Food items* *Food quality* *Everyday English: Beats me! Go right ahead. Between me and you. Not as far as I know* *Past perfect (Revision)*	Workbook *1 – 8* *10 – 13*	*SbX (5, 13; Grammar)* *MP3: 6, 13* *SB 17* *WB 9; Everyday English* *More fun with Fido* *CYBER HOMEWORK 11, 12* *DVD The Mag 4: The meat debate* *Extra Unit:* *Benjamin Zephaniah "Talking Turkeys"*
January	**7** **Superheroes**	*Summary of the play* *Christopher Reeves and Halle Berry (biographies)* *Happy Birthday, Superman!* ** Nightmare over the city* *A song 4U: Superhero*	*Talk about superheroes* *Say what you think about the song* *Talk about the band* *Agreeing / disagreeing with what someone says* *Create a superhero*	*Superman fact file* *pleasant, result, breakthrough, nightmare, ray, research, swallow, cure, coma* *Adverbs of manner (Revision)* *Question tags*	Workbook *1 – 4* *8* *10 – 13*	*SbX (SB 2, 12; Grammar)* *MP3: 3, 12* ** SB 4-5* *WB 5-7, 9* *More fun with Fido* *CYBER HOMEWORK 13, 14*
January / **February**	**8** **Travelling down under**	*Quiz: Australia* *Australia's flying doctors* *Travel blog* *A story from Australia*	*Quiz: Australia* *Talk about adventurous jobs* *Internet research* *A holiday adventure*	*gun, load a horse, feed a horse, leaves, die of thirst, tracker* *Everyday English: I know how you feel. How come? Not on your life! It's not really my scene.* *Present simple for future*	Workbook *1 – 9* *11 – 12*	*SbX (SB 3, 7; grammar)* *MP3: 7* *WB 10; Everyday English* *More fun with Fido* *CYBER HOMEWORK 15, 16* *DVD The Mag 5: Australia* *CLIL:The city of Vancouver*
February	**Progress check** **Units 5 – 8**				*Student's Book*	
February / **March**	**9** **Body Talk**	*A short history of piercing* *Gestures and body language* *Goth (a story)*	*Discussion on piercing* *Discussing on travel abroad* *Questions and discussion* *Making notes on pictures* *Write an ending for the story*	*Weddings* *Everyday English: Pleased to meet you. Don't mention it. I'll see what I can do. That's settled.* *might, may, could (possibility)*	Workbook *1 – 10* *12*	*SbX (SB 1, 9; Grammar)* *MP3: 1, 9* *WB 11; Everyday English* *More fun with Fido* *CYBER HOMEWORK 17, 18*
March	**10** **Crazy collectors**	*Mr Sandman* *The day Britain's biggest egg collector climbed his last tree* ** The story of Don Vicente*	*Answer the questions* *Say what you think* *Interview three classmates* *Report to the class* *Unusual hobbies* ** Write your own texts*	*Use a dictionary to check* *Underline words and phrases* *Present perfect vs. past simple* *Time expressions*	Workbook *1 – 9* *12 – 14*	*SbX (SB 1, 14; Grammar)* *MP3: 1, 7* ** SB 3, 15* *WB 10 – 11* *More fun with Fido* *CYBER HOMEWORK 19, 20*

April	**11** **A fair world?**	*Did you know …?* *Hard work for little money* *Living together in harmony* *A journalist talking about coffee* *A song 4U: Ebony and Ivory*	*Discussion about Fair Trade* *Say what the writers feel* *Say what you think about racism*	*Angry, helpless, proud, annoyed, hurt, shocked, frustrated, misunderstood, surprised* *3rd conditional*	*Workbook* *1* *3 – 4* *6 – 13*	*SbX (SB 1, 6; Grammar)* *MP3: 1* *SBI 1* *WB 2, 5* *More fun with Fido* *CYBER HOMEWORK 21, 22* *CLIL: Glaciers*
	Progress check **Units 9 – 11**				*Student's Book*	
May	**12** **Ready for reading**	*The Boy in the Striped Pyjamas (book review / dramatized passages)* *Uglies (extract)* *Away Laughing on a Camel (extract)* *Study tip* *Teenagers talk about their favourite books*	*Which of these books look interesting?* *Discuss the questions* *What are you reading?* *Do you know …?* *Write a blurb* *Write Georgia's next diary entry* *Continue the story* *Write a book report* *Pronunciation: rhythm and stress*	*Types of books* *Everyday English: Leave it out. The penny's dropped. I doubt it. Get out of here!* *Reflexive pronouns*	*Workbook* *1 – 8* *10 – 13*	*SbX (SB 6, 12; Grammar)* *MP3: 2* *WB 9; Everyday English* *More fun with Fido* *CYBER HOMEWORK 23, 24* *DVD The Mag 7: Sales figures*
	13 **Space**	*Facts about space travel* *How things work: rocket engines* *The price (a story)* *Radio news* *Radio advert* *A song 4U: Ticket to the Moon*	*Would you like to travel into space?* *What facts do you know?* *Test each other* *Think of the story behind the song* *How could the story continue?*	*space shuttle, orbit, astronaut, plaque, explosion, asteroid* *Everyday English: Cross my heart. A matter of life and death. Don't just stand there! I might have known!* *Phrasal verbs*	*Workbook* *1 – 11*	*SbX (SB 3, 7; Grammar)* *MP3: 3* *WB Everyday English* *More fun with Fido* *CYBER HOMEWORK 25, 26* *DVD The Mag 8: UFOs*
June	**14** **A school mag**	*Fly High school magazine:* *July around the world* *Chill out at Guilfest* *Wimbledon for free* *A festival in southern India* *Listen to the story*	*Talk in groups: What's so great about July?* *Think of a story to go with the picture* *Choose a month* *Articles for your magazine* *Write a summary of the story* *What emotions do you think Emma felt?* *Pronunciation: stress*	*Everyday English:* *Lucky you! Better late than never. Let me guess. Here's to us!* *Prefixes and suffixes*	*Workbook* *2 – 10* *12*	*SbX (SB 1, 4; Grammar)* *SB 2* *WB 1, 11; Everyday English* *More fun with Fido* *CYBER HOMEWORK 27, 28* *DVD The Mag 9: Here's to us!*
	Progress Check **Units 12 – 14**				*Student's Book*	
	MEET THE STANDARDS					***WB pp. 92 – 104***

UNIT 1 Welcome to Ireland

Sprachliche Schwerpunkte:
Über einen Ort, den man besuchen möchte, schreiben und sprechen
Irland (landeskundliche und historische Aspekte)
Irische Geschichten und Folklore

DVD: *The Mag 1: The competition*

Grammar:
Past continuous (Revision)

Student's Book

1 a Look at the photos. Find the places on the map.

Bevor die Schüler/innen die angegebenen Orte und Sehenswürdigkeiten auf der Karte im Buch suchen, kann auch ein Brainstorming zum Begriff Irland durchgeführt werden. Notieren Sie den Begriff *Ireland* an der Tafel und fordern Sie die Schüler/innen auf, ihre Ideen und Assoziationen ebenfalls zu notieren.

b Do the Ireland quiz in pairs. Then listen and check your answers.

Die Schüler/innen arbeiten zu zweit. Achten Sie darauf, dass in der Klasse ausschließlich Englisch gesprochen wird. Beim anschließenden Anhören der Übung werten die Schüler/innen wieder paarweise ihre Ergebnisse aus und zählen die richtig angekreuzten Antworten. Zusätzlich könnten die Schüler/innen aufgefordert werden, die falschen Antworten richtig zu stellen.

Lösung:
F, T, T, F, T, F, F, F, T, T, F, T

c Work in pairs. Tell your partner three things that surprised you from the quiz.

Lesen Sie die angegebenen Redestrukturen gemeinsam in der Klasse. Bei dieser Übung diskutieren die Schüler/innen nun wiederum zu zweit ihre Ergebnisse und reflektieren gemeinsam über ihre Antworten. Geben Sie einige Minuten für diese Übung vor; fragen Sie dann abschließend das Plenum, welche Antworten überraschend ausgefallen sind.

2 a Look quickly at the text. What kind of text do you think it is?

Die Übungen dienen der Textanalyse und dem Textverständnis; die Schüler/innen sollen dabei lernen, einem Text schnell und gezielt Informationen zu entnehmen (b) und das Thema global zusammenzufassen (c). Machen Sie die erste Übung (a) gemeinsam in der Klasse.

b Quickly go through the text and find out what happened in these years.

Die Schüler/innen können bei dieser Übung die gesuchten Jahreszahlen sowie das dazu passende Ereignis direkt im Text markieren. Geben Sie wenig Zeit für diese Übung vor und lösen Sie die Antworten gemeinsam im Plenum.

c Read the full text. Sum up in one sentence what the main idea of the text is.

Geben Sie den Schülerinnen und Schülern etwas Zeit, das Thema des Artikels in einem Satz schriftlich zusammenzufassen. Fordern Sie die Schüler/innen dann auf, einige Sätze vorzulesen.

3 Match the words/phrases and the definitions.

In dieser Übung wird der Wortschatz zu dem Zeitungsartikel in 2 vertieft und gefestigt. Die Schüler/innen arbeiten alleine und teilen den Wörtern die richtigen Definitionen zu. Vergleichen Sie das Resultat in der Klasse.

Lösung:
10, 9, 5, 8, 6, 7, 1, 4, 3, 2

4 Listen to the dialogue. Pay attention to the underlined parts. Then listen and repeat.

Fragen Sie die Schüler/innen nach dem Anhören, was ihnen aufgefallen ist. Weisen Sie darauf hin, dass die unterstrichenen Satzteile und Endlaute ausgelassen bzw. nicht betont werden. Der Dialog sollte dann, mit möglichst natürlicher Intonation, nachgesprochen werden. Lassen Sie die Schüler/innen paarweise arbeiten und abschließend einige Dialoge in der Klasse vorspielen.

5 Work with a partner. Ask and answer questions. Talk about a place you'd (not) like to visit and give your reasons.

Die Übung dient der Vorbereitung auf den Hörtext in 6. Die Schüler/innen notieren in ihren Schulübungsheften 3 – 4 Orte, die sie entweder sehr gerne oder gar nicht besuchen möchten. Die Gründe sollten ebenfalls in Stichworten festgehalten werden. Dann üben die Schüler/innen mündlich zu zweit und begründen jeweils ihre Wahl.

6 Read the questions below, then listen to the interview and take notes. Use your notes to answer the questions.

Geben Sie den Schülerinnen und Schülern ausreichend Zeit, die Fragen durchzulesen. Im Schulübungsheft sollen dann die Antworten notiert werden. Spielen Sie den Hörtext zwei Mal vor. Die Antworten könnten anschließend als Hausübung ausformuliert werden.

Lösung:
1 She's from Denmark.
2 She's working as an au pair, looking after two small children.
3 She thinks it's a cool place to be and she wants to improve her English.

4 He thinks her English is excellent.
5 She likes the friendly and relaxed people. She thinks it is easy to make friends in Dublin. There's always a lot going on, e.g. concerts.
6 She doesn't like the public transport system.
7 It's the new tram system. She thinks it is OK, but there are only two lines.
8 Her favourite place is Phoenix Park.
9 The weather is not much better than the weather in Denmark.

Worksheet 1 ■ **nach ❻**

❼ a What do you think the headline of the following newspaper article means?

Die Schüler/innen kreuzen eine Antwort an; lösen Sie die Übung nicht auf, bevor der Artikel gelesen wurde.

b Read the article and find out.

Fragen Sie die Schüler/innen nach dem Durchlesen des Artikels, welche Definition auf den Begriff *out-fox* zutrifft.

Lösung:
c) To out-fox someone = to defeat someone because you are cleverer.

❽ Find words or phrases in the text that mean:

Die entsprechenden Wörter sollen von den Schülerinnen und Schülern in dem kurzen Artikel unterstrichen werden. Das Detailverstehen und die Erweiterung des Wortschatzes werden so gefördert.

Lösung:
1 staff, 2 exotic, 3 surround, 4 population, 5 whistle, 6 out-fox

❾ Work in pairs or small groups. Discuss the following questions:

Die Diskussion der Fragen kann in Kleingruppen organisiert werden. Teilen Sie dazu die Klasse in Vierergruppen ein. Vor der Gruppenbildung sollten die Redestrukturen gemeinsam gelesen und die Meinung der Schüler/innen kurz im Plenum eruiert werden, sodass unterschiedliche Standpunkte in den einzelnen Gruppen vertreten sind und dadurch eine lebhafte Diskussion entstehen kann. Gehen Sie von Gruppe zu Gruppe und achten Sie darauf, dass die angegebenen Redemittel unbedingt verwendet werden. Fordern Sie abschließend die einzelnen Gruppen auf, die wesentlichen Punkte kurz für die gesamte Klasse zusammenzufassen.

❿ Say which words go with the pictures.

Die Übung dient der sprachlichen Vorentlastung der Geschichte in ⓫. Vergleichen Sie die Ergebnisse in der Klasse.

Lösung:
1 brick, 2 village, 3 fork, 4 servant, 5 knife, 6 cellar, 7 spoon, 8 lantern

⓫ a Look at the picture and say what you think the story is about.

Lassen Sie den Text von den Schülerinnen und Schülern abdecken und eine kurze Geschichte zu dem Bild, mit den Wörtern aus ❿, erfinden. Einige Versionen werden dann in der Klasse erzählt.

b Read and put the paragraphs in order. Then listen and check.

Geben Sie der Klasse genügend Zeit für die Leseübung. Zum Vergleich, ob die Geschichte in die richtige Reihenfolge gebracht wurde, wird der Hörtext vorgespielt. Abschließend wird vertiefend die Grammatik der Unit (*past continuous*) anhand der Beispiele in der Grammar box auf Seite 13 wiederholt.

Lösung: 2, 1, 4, 3, 6, 5

⓬ Circle the correct word.

Im Anschluss an die Geschichte werden die zutreffenden Wörter und Phrasen eingekreist oder unterstrichen. Die Übung kann gemeinsam in der Klasse, oder auch in Partnerarbeit erledigt werden.

Lösung:
1 anything, 2 ghosts, 3 never, 4 cellar, 5 under, 6 told

⓭ a A group of British students are going on a school trip to Glendalough in Ireland. Look at the pictures and answer the questions.

Verweisen Sie noch einmal auf die Landkarte zu Beginn der Unit; die Schüler/innen sollen Glendalough auf der Karte suchen. In dieser Übung (a) sollen sie dann die beiden Fragen beantworten.

b Read the questions. Listen and take notes. Then compare your notes.

Die Schüler/innen vergleichen nach dem Anhören ihre Notizen zu zweit. Besprechen Sie die Notizen dann gemeinsam in der Klasse.
In dieser Übung geht es darum, die Stimmung sowohl aus den Fragen der Jugendlichen als auch aus ihrem Tonfall herauszulesen. Fordern Sie die Schüler/innen auf, Begründungen für ihre Antworten und Beispiele aus ihren Notizen zu nennen.

Worksheet 2 ● **nach ⓭**

⓮ Listen to the song. Cross out the four lines that do not belong to the lyrics.

Bevor das Lied vorgespielt wird, wird die Info-Box gemeinsam in der Klasse gelesen. Eventuell können die Schüler/innen weitere Sänger/innen und Bands aus Irland nennen.
Auf dem Bild handelt es sich um die Gruppe *The Cranberries*, von der auch der Song in dieser Übung stammt.

Lösung:
Die dritte Strophe ist nicht Bestandteil des Songs.

The Mag 1: The competition

1 Watch the story. Then tick T (*True*) or F (*False*).

Fragen Sie die Schüler/innen einleitend, woran sie sich aus dem vorangegangenen Schuljahr erinnern können, z. B. nach den Namen der Redaktionsmitarbeiter/innen. Nachdem die erste Episode vorgespielt wurde, kreuzen die Schüler/innen die Antworten im Buch an. Lassen Sie die falschen Antworten richtig stellen.

Lösung: F, T, T, F, T, T

2 Complete the sentences with not more than four words each.

Weisen Sie darauf hin, dass die Schüler/innen bei der Beantwortung der Fragen unbedingt mit maximal vier Wörtern auskommen müssen. Vergleichen Sie dann die Sätze.

Lösung:

1 … the newspaper team.
2 … happy / pleased / interested.
3 … choose / pick.
4 … stay on.
5 … off the Internet.
6 … work with them.

3 Complete the dialogues with the phrases from the box.

Spielen Sie die Episode noch einmal vor. Die Schüler/innen setzen dann die entsprechenden Sätze ein. Lassen Sie die Szenen in der Klasse zur Auflösung vorspielen. Dabei sollte die Intonation möglichst genau imitiert werden.

Lösung:

1 Piece of cake!
2 How does that grab you?
3 Whatever.
4 What a nerve!

15 Do one of the two writing tasks.

a Write an email to tell a friend about a place where you would like to go for a holiday. Write 40 – 60 words and do not take more than 10 minutes.

b You have been invited to write a story for your school magazine. The story should be about a holiday adventure. It should be about 120 – 150 words. Do not forget to use paragraphs and do not take more than 20 minutes.

Beim Verfassen beider Texte ist genau auf die Aufgabenstellung zu achten. Sowohl die angegebene Wortanzahl als auch der dafür vorgesehene zeitliche Rahmen sollten unbedingt eingehalten werden. Weiters sollte die Textsorte genau getroffen werden und die verfassten Texte alle angegebenen *bullet points* enthalten.

Folgende Redewendungen und Phrasen können als Hilfe mitgegeben werden.

For my last holiday I / we went to / stayed at / …
We went there because …
One evening we wanted to …
We hired a car / bought a map / didn't know …
We were lying on the beach / talking to / walking along …
when we suddenly saw / noticed …
We were shocked / terrified / scared … We didn't know…
Finally my mother had an idea / suggested calling …
We were lucky because …

Worksheet 3 ★ nach 13

Grammar

Lösung: 1 past continuous, 2 past simple, 3 past continuous

Worksheet 4 ● nach Grammar

More Fun with Fido

Am Ende jeder Unit rundet wieder ein Cartoon mit den Abenteuern von Fido den Inhalt ab. Verweisen Sie hier zusätzlich auf die Bedeutung des Kleeblatts als Symbol Irlands.

Workbook

1 ***Lösung:***
1b, 2c, 3c, 4d, 5a, 6a, 7d, 8b, 9b, 10 d

2 ***Lösung:*** destroyed, starved, fled, was put down, were shot, was founded

3 ***Lösung:***
poor → rich, wife → servant, cup → plate, spoon, fork, knife; rude → nice, dining room → cellar, her son → the ghost's son

4 ***Lösung:*** b

5 ***Lösung:***
1. Zeile rechts: 5, 4, 2, 3, 1
2. Zeile links: 4, 5, 1, 2, 3; rechts: 5, 3, 2, 1, 4

6 ***Lösung:*** 1b, 2c, 3a, 4d, 5c

7 ***Lösung:*** 1 grub, 2 brave, 3 Easter, 4 republic, 5 capital, 6 lantern, 7 new, 8 west, 9 travel

8 ***Lösung:*** 7, 6, 5, 1, 8, 2, 4, 3

Everyday English

Lösung: 1 What a nerve, 2 piece of cake, 3 How does that grab you, 4 Whatever

10 ***Lösung:***

1 Mary was running down the street when she lost a shoe.
2 We were doing an exercise when the bell rang.
3 Mary was working in the kitchen when the ghost appeared.
4 The people were dancing when the lights went out.
5 The teacher was talking about monks when the boy made a joke.

11 ***Lösung:***

2 Mike and Rose were dancing.
3 Pete was reading.
4 James and Kate were drinking lemonade.
5 Sinead was singing.

12 ***Lösung:*** 1 arrived, 2 were sitting, 3 was dancing, 4 took, 5 started, 6 looked, 7 were dancing, 8 were crying, 9 went, 10 stopped, 11 disappeared

Zusätzliche Vorschläge

zur Interessensdifferenzierung und für die Arbeit in leistungsstärkeren Gruppen:

1 Creative task: nach SB S. 9, 7

Activity A (mittel).

Read the newspaper article on page 9 in your Student's Book again. Imagine that you interviewed the zoo director for your school magazine. Write the interview.

Consider the following:

When were the foxes spotted for the first time?
- How did they manage to enter the zoo?
- How many animals have been killed so far?
- Why is it so difficult to track the foxes down?
- What happened to one of the foxes? etc.

Activity B (anspruchsvoller).

Write another newspaper article. Two weeks after the first article had appeared, the clever fox which out-foxed the staff of Dublin Zoo was finally found! Write an article about the dramatic event.

Consider the following:
- How and when was the fox finally caught?
- Were other animals killed by the fox? Which ones?
- Is the fox dead or alive? etc.

Write a newspaper article (150 words) and choose a catchy headline for your article.

2 Irish music

Es bietet sich an, ausgehend von dem Song in der Unit, irische Musik vertiefend im Unterricht zu behandeln. Dies kann fächerübergreifend mit der Kollegin/dem Kollegen aus Musikerziehung geschehen; dabei könnte vor allem auf traditionelle irische Musik und traditionell irische Instrumente eingegangen werden. Auch irische Tänze könnten bei großem Interesse im Unterricht angeschaut bzw. (in vereinfachter Form) von den Schülerinnen und Schülern selbst aufgeführt werden (z. B. DVD: *The Best of Riverdance* – Michael Flatley et al., 2005).
Ebenso könnten im Rahmen des Englischunterrichts einige irische Protest-Songs angehört und analysiert werden. Weisen Sie auf die problematischen anglo-irischen Beziehungen hin und unterstützen Sie die Schüler/innen in der Erarbeitung des Wortschatzes. Fragen Sie zu den einzelnen Songs, auf welche historischen Ereignisse Bezug genommen wird, welche Perspektive die Sänger/innen einnehmen bzw. was die Botschaft des jeweiligen Liedes sein könnte.

Vorschläge:
Sinéad O'Connor – *This Is a Rebel Song*
Simple Minds (Scottish band) – *Belfast Child*
The Cranberries – *Zombie*
The Pogues – *Thousands Are Sailing*
U2 – *Sunday Bloody Sunday*

3 Ireland – the Emerald Isle

Führen Sie fächerübergreifend mit Geografie ein Projekt zu Irland durch. Teilen Sie dazu die Klasse in vier Gruppen ein. In den Gruppen wird zum Osten, Süden, Westen und Norden der Insel recherchiert (Landschaften, bedeutende Orte, Sehenswürdigkeiten, evtl. Wirtschaft, etc.). Bereiten Sie das Projekt sprachlich gut vor und unterstützen Sie die Gruppen während der Arbeit. Abschließend präsentieren die einzelnen Gruppen ihre Region – dabei fungiert die Gruppe als *tourist guide* für die Klasse; es sollten vor allem Empfehlungen abgegeben werden, welche Orte die Gruppe gern besuchen würde und warum. Zusätzlich können die einzelnen Gruppen ihre Region in einer kleinen Broschüre beschreiben.

4 Irish novels – reading project

Bei Interesse an der Unit kann auch ein Leseprojekt in der Klasse durchgeführt werden. Wählen Sie entweder eine Klassenlektüre aus oder lassen Sie die Schüler/innen selbst wählen. Abschließend werden kurze Rezensionen zu dem gewählten Buch/den gewählten Büchern verfasst, in der Klasse präsentiert und besprochen sowie ausgestellt.

Vorschläge:
Melody Carlson, *Notes from a Spinning Planet – Ireland* (2006).
Siobhan Dowd, *Bog Child* (2008).
Roddy Doyle, *Wilderness* (2007).
Kate Thompson, *Creature of the Night* (2009).
Marie Raphael, *Boy from Ireland: A Novel* (2007).

UNIT 2 The Curious Case of the Locked Room

Sprachliche Schwerpunkte:
Über Verbrechen sprechen und schreiben
The Curious Case of the Locked Room – eine Detektivgeschichte
Mysteriöse Fälle lösen, Spekulationen anstellen
Edgar Allan Poe's *Locked-Room Mystery*

DVD: *The Mag 2: The rivals*

Grammar:
Past perfect

Vorschläge zur Wiederholung:

Past continuous (Unit 1), The Mag 1 (Unit 1)

Student's Book

❶ Read the beginning of the murder mystery and the notes on the next page and complete the police crime report.

Sprechen Sie als Einstieg kurz über die Illustration auf Seite 14; daraus ist bereits der Schauplatz der Ereignisse ersichtlich. Geben Sie den Schülerinnen und Schülern dann ausreichend Zeit, den Beginn des Kriminalfalls zu lesen und den Polizeibericht zu vervollständigen. Weisen Sie darauf hin, dass ein genaues Arbeiten bei den einzelnen Aufgabenstellungen zur Lösung des Falls unbedingt notwendig ist. Sollte es große Unterschiede im Lesetempo in der Klasse geben, könnten die schnellen Leser/innen aufgefordert werden, die Angaben des Polizeiberichts im Schulübungsheft in vollständigen Sätzen auszuformulieren.

Lösung:
Victim – John Murdoch, Weapon – police haven't found it yet, Time of report – 17:30/Friday evening, reporting officer – Detective Ward, Investigating officers – Inspector Fell, Sergeant Jenkins, Suspects – four employees

❷ Read Detective Ward's notes and write the names of the people under the pictures.

Die Schüler/innen lesen die Notizen und tragen die Namen im Buch ein. Fragen Sie abschließend kurz, in welcher Beziehung die vier Verdächtigen zu dem Mordopfer stehen.

Lösung:
Isabel Miller, Jasper Ford, Charles Dunning, Oliver Wilson

❸ Read and make notes of Inspector Fell's theories about each suspect's motive in the box in ❷.

Die Schüler/innen lesen die nächste Szene und setzen dann die gesuchten Informationen in Stichworten im Buch bei ❷ ein. Die Details sollten beim Lesen im Buch unterstrichen werden. Vergleichen Sie dann die Angaben der Schüler/innen gemeinsam.

Lösung:
Isabel Miller: maybe in love with Murdoch
Jasper Ford: needs money for his old age
Charles Dunning: needs money for gambling or in love with Isabel Miller (angry about her relationship with Murdoch)
Oliver Wilson: might be the one who gets Murdoch's company

❹ Listen and complete Inspector Fell's notes.

Erläutern Sie die Begriffe *retire/retirement* vor dem Anhören. Nach dem ersten Anhören sollten die Schüler/innen in der Lage sein, die Notizen von Inspektor Fell zu vervollständigen. Die beiden Zeugenaussagen können auch aus Platzgründen im Schulübungsheft notiert werden. Vergleichen Sie dann die Angaben der Schüler/innen.

Lösung:
What Jasper Ford said:
… he's an old friend of John Murdoch.
… call his wife.
Oliver Wilson left to get some more drinks.
Jasper Ford left to get some papers from his office.
Isabel Miller went to the ladies' room.
Charles Dunning left to look for John Murdoch.
… the new boss.
… Oliver Wilson.
… to retire.
… John Murdoch paid him well.
What Oliver Wilson said:
… lose his job because he's too old.
… phone his wife.
… Jasper Ford, Charles Dunning
… key!

❺ Listen to the interviews again and take notes about any other information you hear about Jasper Ford and Oliver Wilson.

Die Schüler/innen sind nun gefordert, selbst als Detektivinnen und Detektive zu fungieren. Sie notieren beim zweiten Anhören sämtliche Informationen, die für den Fall relevant erscheinen. Vergleichen Sie dann in einer kurzen Rundschau die Details, die notiert wurden.

❻ a Listen to Inspector Fell's theory and tick the sentences T (*True*) or F (*False*).

Die Sätze werden von den Schülerinnen und Schülern in Einzelarbeit als wahr oder falsch bewertet; die Ergebnisse werden dann kurz verglichen.
Notieren Sie eventuell den Begriff *locked-room mystery* an der Tafel und lassen Sie diesen Tatbestand von den Schülerinnen und Schülern erklären.

Lösung: F, T, T, T, F, F

b Listen again and tick the correct answers.

Nach dem zweiten Anhören kreuzen die Schüler/innen die ihrer Meinung nach zutreffenden Aussagen an. Bei dieser Übung geht es um das folgerichtige Ableiten des Gehörten (*inferred meaning*).

Lösung: 1a, 2c

7 Can you think of any more possible theories?

Die Schüler/innen können ihre Theorien und Ideen nun zu zweit oder in Kleingruppen besprechen. Weisen Sie vor den kurzen Diskussionen in Partner- bzw. Gruppenarbeit auf die Redestrukturen im Buch hin; diese sollten unbedingt verwendet werden. Fragen Sie kurz nach den Mutmaßungen in der Klasse.

8 Listen to the two interviews and take notes.

Die Schüler/innen setzen ihre Notizen im Schulübungsheft fort. Wieder ist es ausreichend, die Fakten in Stichwörtern aufzuschreiben. Stoppen Sie eventuell die CD ab, um den Schülerinnen und Schülern Zeit für die Erledigung der Aufgabe zu geben. Weiterhin ist es wichtig, genau zu arbeiten; deshalb empfiehlt sich wieder ein abschließender Vergleich der Notizen.

9 Read the end of scene 8. Inspector Fell has solved the case. Who do you think is the murderer and why?

Besprechen Sie die Tatverdächtigen kurz mündlich; lassen Sie einige Schüler/innen, die unterschiedlicher Meinung sind, zu Wort kommen. Gehen Sie dann eher rasch zu 10, um den Spannungsbogen kurz vor Auflösung des Tathergangs nicht zu zerstören.

10 Listen to the ending of the story and see if you were right. Then answer the questions.

Greifen Sie noch einmal die Ideen der Schüler/innen auf und besprechen sie kurz, wer mit seinen Vermutungen möglichst nah an der wirklichen Lösung des Falls lag. Die Fragen können dann sowohl mündlich als auch schriftlich beantwortet werden. Es bietet sich an, an dieser Stelle die Grammatik der Unit zu erklären. Lesen Sie die Informationen und Beispiele der Grammar box (S. 21) und notieren Sie dazu weitere Sätze aus der Geschichte, z. B.:

After Isabel had killed Mr Murdoch with a knife, she locked the door from the outside.

Jasper Ford couldn't find Mr Murdoch because he had left the office some minutes ago.

After Inspector Fell had questioned Oliver Wilson, he asked Charles Dunning about the murder.

Lösung:

1 Isabel
2 She locked the door from the outside.
3 When she broke the window, she put her hand through and put the key in the lock. She had hidden the key in her hand.
4 She was in love with John Murdoch.
5 He tried to hide the letter he had found on the desk. He hid it in the wastepaper bin.
6 He wanted to protect Mr Murdoch and his good name.
7 She wanted him to leave his wife or pay her money to keep quiet.

11 What is the purpose of the text *At Murdoch Towers* (pp. 14 – 17)?

Die Schüler/innen sollen bei dieser Übung über die Intention des Textes sprechen.

Lösung: d

12 Fill in the words from the box.

In dieser Vokabelübung wird abschließend der neue Wortschatz der Unit gefestigt.

Lösung:

1 crime, 2 victim, 3 suspects, 4 weapon, 5 witnesses, 6 blackmail, 7 evidence, 8 murderer

Worksheet 1 ■ ★ **nach 12**

Worksheet 2.1 ★ **nach 12**

13 Listen to the song and sum up the story in one sentence.

Fordern Sie die Schüler/innen auf, zu zweit den Inhalt des Liedes in einem Satz zusammenzufassen. Die Zusammenfassungen werden dann in der Klasse vorgelesen. Die Schüler/innen sollen selbst erkennen können, welche Zusammenfassungen besonders gut auf das Lied zutreffen.

14 Listen and tick.

Spielen Sie die Hörübung vor und lassen Sie die Schüler/innen die einzelnen Wörter zuerst paarweise, dann in einigen Durchgängen einzeln nachsprechen. Der Unterschied in der Länge der Aussprache der Laute sollte deutlich artikuliert werden.

Lösung:

/aː/ dance, bar, guitar /ʌ/ luck, just, son

15 Listen and repeat.

Spielen Sie den kurzen Reim vor und lassen Sie die Schüler/innen nachsprechen. Die beiden Zeilen sollten richtig betont werden, ohne jedoch den Lesefluss zu unterbrechen.

16 a Quickly read through the text and answer the following question: Who invented the locked-room mystery?

Beim ersten Lesedurchgang kommt es darauf an, dem Artikel die gewünschten Informationen möglichst schnell durch Überfliegen des Textes zu entnehmen (Methode des *scanning & skimming*). Geben Sie daher nur wenig Zeit vor. Dann sollten die Schüler/innen in der Lage sein, die Frage zu beantworten.

Lösung: Edgar Allan Poe

b Read the full text and tick the correct sentences.

Geben Sie den Schülerinnen und Schülern beim zweiten Lesen, bei dem es um das genaue Erfassen des Inhalts geht, ausreichend Zeit. Vergleichen Sie dann die angekreuzten Sätze.

Lösung: 1a, 2a, 3a, 4a

c What does the text do?

Die abschließende Frage soll die Schüler/innen zur Reflexion über die Intention des Textes veranlassen. Nehmen Sie sich genügend Zeit, um die Antwort zu diskutieren und erläutern Sie auch, aus welchen Gründen nur eine Antwort in Frage kommt.

Lösung: c

The Mag 2: The rivals

1 Watch the story. Then circle the correct words.

Die Schüler/innen arbeiten alleine; lösen Sie die Übung dann gemeinsam auf.

Lösung:
1 an article, 2 angry, 3 editor, 4 a magazine, 5 a poem, 6 her

2 Find and correct seven mistakes in the summary.

Geben Sie den Schülerinnen und Schülern etwas Zeit, die Fehler in der Zusammenfassung der Episode zu korrigieren. Anschließend kann das Ergebnis in Partnerarbeit oder auch im Plenum verglichen werden.

Lösung:
The Journal → The Zine
Katy Price → Kate Pimm
at the disco → at a party
about a boy → about the school magazine
Nick → Jessica
a teddy bear → chocolates
football team → rugby team

3 Complete the dialogues with the phrases from the box.

Spielen Sie die Episode ein weiteres Mal vor. Lassen Sie die Schüler/innen die Szenen mit verteilten Rollen vorspielen. Dabei soll die entsprechende Intonation geübt werden.

Lösung:
1 How could you?
2 It's not the end of the world.
3 Don't you dare.
4 have you got a moment?

17 Look at the questions. Use the language to write a story. Find a good title.

Eine genaue Vorbereitung ist beim Erstellen dieses Textes unbedingt notwendig. Gehen Sie mit den Schülerinnen und Schülern die Leitfragen im Buch gemeinsam durch. Weisen Sie darauf hin, dass der Text möglichst spannend verfasst werden soll. Eine Stichwortsammlung bzw. eine detaillierte *mind map*, die die Beziehungen der einzelnen Personen, die in den Fall involviert sind, aufzeigt, könnte hilfreich sein. Die Bestandteile des Falles sollten unbedingt vor dem Verfassen der Geschichte überlegt werden (*weapon, crime, number of suspects, setting,* etc). Die Portfolio-Aufgabe könnte auch als Wettbewerb gestaltet werden: Besonders gut durchdachte Fälle könnten in der Klasse vorgelesen werden. Dabei wird das Ende vorerst weggelassen und die Mitschüler/innen versuchen dann gemeinsam, die Lösung des Falls zu erraten. Abschließend wird die Geschichte zu Ende vorgelesen.

Worksheet 2.2 ★ nach 17

Grammar

Lösung:
Past simple: 1 und 2: was
Past perfect: 1 und 2: had escaped

Worksheet 3 ■ nach Grammar

Worksheet 4 ■ nach Grammar

More Fun with Fido

Der Cartoon bietet einen guten Anlass, um über berühmte Detektive aus Literatur und Fernsehen zu sprechen. Sammeln Sie die Antworten der Schüler/innen an der Tafel.

Workbook

1 ***Lösung:*** 1 new, 2 brave, 3 lanterns, 4 west, 5 Easter, 6 capital, 7 republic, 8 grub

2 ***Lösung:*** 1 founded, 2 starved, 3 shoot, 4 put down, 5 destroyed, 6 flee

3 ***Lösung:***
1 Andrew was listening to his MP3-player.
2 Hannah was reading.
3 Samantha was drawing on the desk.
4 Mike and Mandy were eating.
5 Tom was sleeping.
6 Nadia was talking on the phone.

4 ***Lösung:*** 1a, 2b, 3a, 4c, 5a

5 ***Lösung:*** *Mögliche Antworten:* 1 Not very much. I prefer detective stories. 2 Yes – I love to try to work out who the killer is. 3 No – I'm almost always wrong! 4 Yes, I did – it was really scary. 5 Did you guess who the murderer was? 6 Oh? I thought it was very difficult. 7 What kind of books do you read/like reading? 8 What do you like about them? 9 How many/often do you read (a book)?

6 ***Lösung:***
senkrecht: suspects, murder, blackmail, witness, evidence
waagrecht: weapon, victim

7 ***Lösung:*** 1 murder, 2 weapon, 3 suspects, 4 evidence, 5 witness, 6 blackmail, 7 victim

8 ***Lösung:*** 5, 2, 1, 6, 4, 3

9 ***Lösung:*** 2, 5, 6, 1, 4, 3

10 ***Lösung:***
Hannah's mother didn't like ice cream.
My ice cream is made with the best ingredients.
Toby could speak French.
His trousers were a little too big for him.

11 ***Lösung:***
1 She arrived there at 9.00 in the morning.
2 They were going up by 20%.
3 The person who broke the window couldn't steal anything because the storeroom was locked.
4 They started fishing in the morning.
5 They didn't talk to anybody.

12 **Who broke the window? How do you know?**
Andy broke the window. Mr Morris was only just putting up his poster about prices going up. Toby and Andy said they had been fishing since that morning, in the same place, and that they hadn't spoken to anyone. Since Andy knew that a double strawberry ice cream was now £1.20 and not just £1.00, he must have been the one who broke the window and got inside the storeroom, where he read the poster lying on the table.

Everyday English
1 have you got a moment
2 How could you?
3 It's not the end of the world
4 Don't you dare!

13 ***Lösung:*** 1 came, 2 saw, 3 had taken, 4 had left, 5 had left, 6 phoned, 7 said, 8 had been, 9 hadn't caught, 10 looked, 11 picked, 12 hadn' taken

14 ***Lösung:*** 1 had taken, 2 had seen, 3 hadn't brought, 4 hadn't paid

Zusätzliche Vorschläge

zur Interessensdifferenzierung und für die Arbeit in leistungsstärkeren Gruppen:

1 **Creative task: nach SB S. 17, 10**

Activity A (mittel).

Write a newspaper article (150 – 180 words) about John Murdoch's mysterious death. The article is going to be published the day after John Murdoch has been found dead in his office. The crime has not been solved yet. Report about the details of Murdoch's death and also mention the people at his office that night and their relationship to the victim.
Choose a headline for your article.

Activity B (etwas anspruchsvoller).

The final interview
Inspector Fell questions Isabel Miller a last time. In this interview she finally confesses to the murder. She tells the inspector about

- her work for John Murdoch's office
- her affair with him
- her motives and plans to murder him
- the night of the murder
- John Murdoch's last words.

Write the interview (about 200 words).

2 **Detective fiction**
Es bietet sich an, vertiefend zu der Kriminalgeschichte der Unit, ein Projekt zu Kriminalliteratur durchzuführen. Wählen Sie klassische Autoren aus, z. B. Edgar Allan Poe, Sir Arthur Conan Doyle oder Agatha Christie. Anhand ausgewählter Kurzgeschichten kann der (klassische) Ablauf von Kriminalgeschichten und die jeweilige Rolle der Detektiven in der Klasse analysiert und verglichen werden. Auch der 2009 erschienene Film *Sherlock Holmes* könnte für dieses Projekt herangezogen werden.

3 **The Curious Case of the Locked Room – A play**
Sollte in Ihrer Klasse Interesse an Theateraufführungen bestehen, so könnte zu der Geschichte ein Drehbuch verfasst werden (ziehen Sie dazu auch die Tapescripts heran). Eventuell kann dabei die Geschichte etwas vereinfacht bzw. auch verändert werden. Verteilen Sie dann die Rollen und besetzen Sie diese doppelt. Wichtig ist es auch, genügend Zeit für die Proben einzuplanen und die entsprechenden Requisiten zu besorgen. Die Schüler/innen führen das Theaterstück abschließend vor Publikum vor.

UNIT 3 Kids speak out

Sprachliche Schwerpunkte:
Die Erlebniswelt Jugendlicher:
Ihre Probleme und Anliegen
Freizeitbeschäftigungen und Hobbies
Behandlung verschiedener Textsorten (Interview, Brief, E-Mail, Geschichte)

Grammar:
want someone to do something
Connecting ideas

Vorschläge zur Wiederholung:
The past continuous (Unit 1), past perfect (Unit 2)

Student's Book

❶ Quickly read through the text and say who wrote the poem.
Geben Sie den Schülerinnen und Schülern nur kurz Zeit, um den Text zu überfliegen. Vergleichen Sie dann die Antworten auf die Frage im Plenum.

Lösung: Joanne, a 16-year-old girl

❷ a Read the text and the poem carefully and answer the following questions:
In einem zweiten Arbeitsschritt lesen die Schüler/innen den Text und das Gedicht nun genauer. Die Detailfragen zum Text können alleine oder in Partnerarbeit diskutiert werden. Die Fragen sollen von den Schülerinnen und Schülern in ganzen Sätzen beantwortet werden.

Lösung:
1 Her life was miserable because two girls told stories about her.
2 She cried herself to sleep nearly every night.
3 Things got better when she went to another school.
4 She wrote/writes a poem about it.
5 She is the one who speaks out now.

b What does the text do?
Nach der Beantwortung der Fragen in a bestimmen die Schüler/innen die Intention des Textes und begründen ihre Meinung.

Lösung: a

❸ a Read the newspaper interview. What is the interview with Annabel about? Tick the correct box.
Der nächste Text wird von den Schülerinnen und Schülern leise gelesen. Dann wird die erste Aufgabe erledigt.

Lösung: c

b Read the text again. Tick T (*True*) or F (*False*).
Nach einem weiteren Lesedurchgang werden die richtigen und falschen Antworten im Buch angekreuzt. Besprechen Sie die Sätze dann in der Klasse und fordern Sie die Schüler/innen auf, die falschen Sätze richtigzustellen. Weiters kann der Text zum Anlass genommen werden, kurz über Annabels Tätigkeit als Journalistin zu sprechen. Fragen Sie, ob die Schüler/innen der Klasse auch journalistische Erfahrung haben, ob sie gerne für eine Zeitschrift arbeiten möchten und welche Anliegen sie dann behandeln würden: *What do you think about Annabel's work? Would you like to work for a magazine? What are important issues you would like to inform your readers about?* etc.

Lösung: F, T, T, F, T, T, T

Worksheet 1 ■ **nach ❸**

❹ Work in pairs. One of you will play the role of a reporter for a school magazine (A), the other will play the role of an asylum seeker (B). Take 2 minutes to prepare your discussion. Use the prompt cards to help you. Talk for 4 minutes.
Die Schüler/innen arbeiten paarweise; eine/r übernimmt Rolle A, das Gegenüber B. Erklären Sie die Aufgabenstellung vor dem Rollenspiel genau. Der Begriff *asylum seeker* ist den Schülerinnen und Schülern aus ❸ bereits vertraut. Geben Sie den Schülerinnen und Schülern ausreichend Zeit, die *prompt cards* zu lesen. Gehen Sie durch die Klasse und helfen Sie bei Fragen zu den *prompt cards* weiter. Weisen Sie daraufhin, dass in dem Rollenspiel möglichst alle Punkte besprochen werden sollten und die eigene Rolle möglichst überzeugend gespielt werden sollte. Stoppen Sie die Zeit, die den Schülerinnen und Schülern zur Verfügung steht. Fordern Sie abschließend einige Schüler/innen auf, ihre Gespräche vor der Klasse vorzuspielen. Geben Sie gemeinsam mit den Schülerinnen und Schülern Feedback und besprechen Sie, wie genau die Aufgabenstellung eingehalten wurde und was besonders gelungen war.

❺ Before you read the text below, check the meaning of these words in the dictionary.
Die Übung dient der sprachlichen Vorentlastung des Textes in ❺. Die gesuchten Wörter sollten auf Englisch bzw. mithilfe englischer Synonyme erklärt werden. Bringen Sie für diese Übung eventuell einige Wörterbücher in den Unterricht mit oder lassen Sie die Schüler/innen die Begriffe online suchen.

❻ a Read Andrew's email. Why is he writing to Tonio?
Die Schüler/innen beantworten die Frage nach dem ersten Durchlesen des Textes.

Lösung: He is writing to Tonio because he needs the text for his school project.

b Read the text again and answer the questions.

Die Fragen können auch schriftlich im Schulübungsheft beantwortet werden. Sie dienen der genaueren Textanalyse.

Lösung:

1 He lives in a fairly small town.
2 He spends a lot of time in front of the PC and the TV at home. He also likes reading.
3 When he's not at home, he goes to football matches, to the movies, helps at the church youth club and rides his bike.
4 He thinks they will have to train harder in order to keep up with the girls.

c Find phrases in the text that mean:

Die Schüler/innen suchen nun nach den Synonymen im Text. An dieser Stelle könnte auch ein Querverweis zur Grammar box auf Seite 27 erfolgen. Erläutern Sie, dass gut strukturierte Texte über sinnvolle Verknüpfungen verfügen und fordern Sie die Schüler/innen auf, diese in der E-Mail zu unterstreichen: *however, although, but, in order to, so all in all.*
Auch das Interview in ❸ bietet sich für diese Übung an. Erklären Sie unbedingt, was mit den Konjunktionen ausgedrückt wird (*cause/result, contrast, purpose*) und ermutigen Sie die Schüler/innen, diese in ihren eigenen Texten zu verwenden.

Lösung: chat up, mates, train harder, average

❼ a Read the story.

Lassen Sie die Schüler/innen vor dem Lesen der Geschichte über den Titel spekulieren und fragen Sie, was vorgefallen sein könnte. Geben Sie den Schülerinnen und Schülern ausreichend Zeit, die kurzen Texte zu lesen. Besprechen Sie auch die Form, in der die Geschichte erzählt wird (Tagebucheintragungen).

b Tick the one thing that does NOT happen.

Im Ausschlussverfahren wird die richtige Antwort angekreuzt.

Lösung: They see a French film at the cinema.

Worksheet 2 ■ nach ❼

❽ Get together in groups of 3 – 4 and talk about it. Is it really over? How could the story go on? What could they do to get together again? Tell the class about your solution.

Die Gruppen können bereits vor dem Lesen der Geschichte eingeteilt werden. Der Arbeitsauftrag sollte genau erläutert werden; die Redemittel im Buch sollen in der Diskussion in der Gruppe unbedingt berücksichtigt werden. Achten Sie darauf, dass die Arbeitssprache in der Klasse ausschließlich Englisch ist. Weisen Sie auch auf die Struktur *want someone to do something* (siehe Grammar box auf Seite 27 im Buch) hin. Abschließend berichtet jede Gruppe, welche Lösung(en) des Problems sie gefunden hat.

❾ a Listen to an interview with four teenagers. Take notes on the topics they talk about.

Fordern Sie die Schülerinnen und Schüler auf, Notizen zu machen. Vergleichen Sie die Lösungen dann gemeinsam in der Klasse.

Lösung:

music: Helen, Samir
friends: Yazmine, Helen, Samir
fights: Samir
poor countries: Helen
mobile phones: Yazmine, Samir
boys vs. girls: Jonathan, Helen, Samir
shopping: Yazmine, Jonathan, Helen, Samir
getting help: Samir

b Read the questions carefully. Then listen again. Take notes to answer the questions.

Die Antworten könnten im Schulübungsheft ausformuliert werden. Die Schüler/innen können ihre Antworten kurz in Partnerarbeit vergleichen, bevor Sie die Lösungen mit der Klasse im Plenum besprechen.

Lösung:

1 Samir thinks girls are better at solving problems.
2 Helen thinks boys don't have so many problems to solve.
3 When he gets angry, he listens to music to relax.
4 She thinks her life is good because she doesn't live in a poor country.

❿ Get together in groups and pick one topic from ❾ to talk about. Find out what your group thinks of these topics. Sum up your ideas and report to the class.

Wieder arbeiten die Schüler/innen in Gruppen (idealerweise in einer anderen Zusammensetzung als bei ❽). Nach einer Diskussionsphase, in der die Schriftführerin/der Schriftführer der Gruppe bereits Notizen macht, werden die Ergebnisse kurz zusammengefasst. Diese werden abschließend von der Sprecherin/dem Sprecher der Gruppe präsentiert. Bei sehr unterschiedlichen Auffassungen zu den Themen in der Klasse könnten Sie abschließend eine Diskussion im Plenum moderieren.

⓫ You have received the following email from a friend in England. Read it carefully and answer it in about 100 – 120 words.

Bei dieser Übung ist unbedingt darauf zu achten, dass die Aufgabenstellungen erfüllt werden. Die Wortanzahl ist genau eingegrenzt; ebenso sollen alle drei Punkte in dem kurzen Text von den Schülerinnen und Schülern behandelt werden. Hier einige nützliche Redewendungen, die den Schüler/innen beim Erstellen des Textes helfen sollen:
It is only fair to tell her …
My suggestion is that …
What's probably best …
Don't forget that she …
Even if it is really painful, …

12 Listen and repeat.

Hier wird eine deutliche Artikulation der Endlaute geübt. Dabei sollen die Wortpaare und der kurze Reim deutlich, jedoch nicht übertrieben ausgesprochen werden.

More Fun with Fido

Die Episode rundet die Thematik der Unit abschließend ab. Sollten die Schüler/innen Interesse an Fidos Abenteuern haben, so könnten an dieser Stelle weitere Zeichnungen von Fidos Tagträumen (mit den entsprechenden Texten) angefertigt werden.

Worksheet 3 ■ **nach Grammar**

Worksheet 4 ★ ■ **nach 11**

Workbook

1 ***Lösung:*** murder, victim, suspect, blackmail, weapon, evidence, witnesses

2 ***Lösung:*** 1 victim, 2 murder, 3 weapon, 4 witnesses, 5 suspect, 6 blackmail, 7 evidence

3 ***Lösung:*** A 4, B 1, C 3, D 2

4 ***Lösung:***
1 hadn't met, 2 saw, 3 went, 4 had taken, 5 started

5 ***Lösung:*** F, T, T, F, T

6 ***Lösung:*** 6, 4, 3, 2, 1, 5

7 ***Lösung:*** Picture 2: Animals have rights, too!

8 ***Lösung:***
1 They want them to stop animal testing.
2 They organised a big protest outside the laboratories.
3 He lost both his parents in an accident last year.
4 She likes to do stories that have a message.

9 ***Lösung:*** b

10 ***Lösung:*** 1 D, 2 LD, 3 LD, 4 D, 5 D

11 ***Lösung:*** 1 mate, 2 average, 3 chat up, 4 update, 5 abroad, 6 kids

12 ***Lösung:*** 1 mate, 2 kids, 3 chat up, 4 abroad, 5 update

15 ***Lösung:***
1 Reihe: 4, 6, 5
2 Reihe: 3, 2, 1

16 ***Lösung:***
1 She wanted me to call her.
2 He told us to leave.
3 They asked us to take their photo.
4 I wanted them to buy me a bike.

Zusätzliche Vorschläge

zur Interessensdifferenzierung und für die Arbeit in leistungsstärkeren Gruppen:

1 Creative task: nach SB S. 24, 5

Activity A (mittel).

Imagine that Tonio has contacted you, too. He needs different reports about life abroad and has asked you to send him an email in which you describe

- your everyday life
- the area where you live
- your hobbies and favourite activities.

Send him an email, presenting yourself. Write 150 – 170 words. Use at least four connecting ideas to structure your text: *because of, although, however, so that, in order to*, etc.

Activity B (anspruchsvoll).

Kids from abroad

Kids from all over the world have participated in Tonio's school project. They sent him long emails about their lives. Choose a girl/boy from the list below and make up her/his email. Before you write the email, do some research on the Internet about life (+ school life) in the country where she/he lives.

- Eu-Jin from South Korea
- Dimitri from Russia
- Tarja from Finland
- Shona from Kenya
- Maria from Argentina

Write an email of 180 – 200 words.

2 Kids Speak Out – A class project

Nehmen Sie die Unit zum Anlass, um einen „Briefkasten" für Wünsche und Beschwerden in der Klasse einzurichten. Jede Schülerin bzw. jeder Schüler soll zwei Anliegen formulieren – persönlich oder anonym – die dann in den Briefkasten eingeworfen werden. Präzisieren Sie zuerst das Themengebiet. Soll es um schulische, private oder allgemeine Anliegen wie z. B. Umweltschutz gehen? In den Sätzen der Schüler/innen soll die neue Struktur *want someone to do something* verwendet werden. Fordern Sie die Schüler/innen auf, möglichst konkrete Situationen zu beschreiben (indem sie etwa auf einen Vorfall in der Klasse eingehen, z.B: *Last week Lisa took my English books. She gave them back to me only three days later.* → *I don't want the others to take my things. / I want them to be more honest.*) Sammeln Sie die Anregungen der Schüler/innen über einen längeren Zeitraum (etwa eine Woche). Leeren Sie den Briefkasten dann gemeinsam mit den Schülerinnen und Schülern in einer Englischstunde und kleben Sie die Zettel auf ein Plakat (z. B. *Kids in 4A speak out!*), das dann in der Klasse aufgehängt wird. Abschließend könnten einige der genannten Probleme in der Klasse besprochen werden.

❸ Teenagers today

Ausgehend von den Artikeln der Unit könnte eine Unterrichtseinheit gestaltet werden, die sich mit verschiedenen Zeitschriften für Jugendliche auseinandersetzt. Planen Sie eine Stunde im Computerraum der Schule und teilen Sie die Schüler/innen in Kleingruppen (2 – 3 Schüler/innen) ein. Jede Gruppe wählt eine Online-Zeitschrift für Jugendliche und recherchiert nun, welche Themen auf der Seite vorgestellt werden; was den Gruppenmitgliedern besonders/weniger/nicht gefallen hat (+ Begründung). Erstellen Sie dazu ein Arbeitsblatt. Geben Sie die genaue Arbeitszeit vor. In einem zweiten Schritt werden die einzelnen Zeitschriften in der Klasse kurz vorgestellt. Dabei soll auch ein interessantes Thema bzw. eine interessante Rubrik, die die Kinder auf der Seite des Magazins gefunden haben, herausgegriffen und näher beschrieben werden.
Hier ein hilfreicher Link, der eine Übersicht über verschiedene Online-Zeitschriften für Jugendliche bietet: http://www.world-newspapers.com/youth.html.

Regelmäßige Rezensionen von Jugendbüchern, die auch von Schülerinnen und Schülern gelesen wurden, finden Sie monatlich unter http://www.rezensionen.schule.at
Für Film Updates konsultuieren Sie http://www.imdb.com.

Books:
Für unzählige Möglichkeiten vgl. http://www.rezensionen.schule.at
Besonders für diese Altersstufe hervorzuheben sind u.a:
BAUER, Michael Gerard: *Don't Call Me Ishmael* (2007)
BRUGMAN, Alyssa: *Walking Naked* (2002)
CABOT, Meg: *The Princess Diaries* (2001ff.)
HARRISON, Lisi: *The Clique* (2004)
KINNEY, Jeff: *Diary of a Wimpy Kid* (2008)
RENNISON, Louise: *Angus, Thongs and Full-Frontal Snogging* (1999)
WALLIAMS, David: *The Boy in the Dress* (2008)
WILSON, Jacqueline: *Kiss* (2007)
ZIEGESAR, Cecily von: *Gossip Girl* (2003)

Films:
10 Things I Hate About You (1999)
Angus, Thongs and Full Frontal Snogging (2008)
Anita and Me (2002)
Another Cinderella Story (2008)
Bend It Like Beckham (2002)
Brick (2005)
Charlie and the Chocolate Factory (2005)
Clueless (1995)
Confessions of a Teenage Drama Queen (2004)
Freaky Friday (2003)
Holes (2003)
Juno (2007)
Lemony Snicket's A Series of Unfortunate Events (2004)
Matilda (1996)
Millions (2004)
Nick and Norah's Infinite Playlist (2008)
St. Trinian's (2007)
Stand by Me (1986)
Stardust (2007)
Stormbreaker (2006)
The Boy in the Striped Pyjamas (2008)
The Clique (2008)
The Haunting Hour: Don't Think About It (2007)
The Jacqueline Wilson Collection (2003ff.)
The Outsiders (1983)
The Prince's Bride (1987)
The Princess Diaries (2002)
The Sisterhood of the Traveling Pants (2005)
The Spiderwick Chronicles (2008)
The Witches (1990)
Twilight (2008)
Wallace & Gromit (1993ff.)
Wild Child (2008)

UNIT 4 Beautiful Boston

Sprachliche Schwerpunkte:
Landeskundliche Informationen zu Boston und Massachusetts
Historische Schwerpunkte:
Hexenverfolgung in Salem, die Boston *Tea Party*
Die eigene Meinung begründen

DVD: *The Mag 3: Stern gets worried*

Grammar:
Reported speech

Vorschläge zur Wiederholung:
The past perfect (Unit 2), Connecting ideas (Unit 3), The Mag 2 (Unit 2)

Student's Book

❶ a What American cities can you name? What do you know about them?

Lassen Sie die Schüler/innen ihre Ideen in einem Brainstorming sammeln. Notieren Sie dann jede genannte Stadt in einem Kreis an der Tafel und fordern Sie die Schüler/innen auf, dazugehörige Informationen rund um den Kreis zu notieren. Unterstützen Sie die Kinder bei dieser Übung sprachlich. Sollten Schüler/innen in der Klasse sein, die die USA in den Ferien besucht bzw. in den USA gelebt haben, lassen Sie sie unbedingt von ihren Erlebnissen und Eindrücken berichten.

b Read the text and write the phrases A – E in the gaps.

Nach dem Brainstorming zu ❶ lesen die Schüler/innen die Informationen zu Boston leise und vervollständigen den Text. Die kurzen Texte bereiten die Schüler/innen auf weitere Artikel zu Boston in dieser Unit vor.

Lösung: D, A, B, E, C

c Now answer the following questions:

Nachdem die Informationen gelesen wurden, beantworten die Schüler/innen die Fragen. In leistungsstarken Klassen können die Schüler/innen auch aufgefordert werden, den Text abzudecken und die Fragen möglichst genau aus dem Gedächtnis zu beantworten. Vergleichen Sie abschließend die Antworten.

Lösung:
1 historical buildings
2 lobster
3 the Grand Procession
4 to visit the Salem Witch Museum

Worksheet 1 ■ nach ❶

❷ Say: Why you would/wouldn't like to go to Boston.

Bei dieser Übung können die Schüler/innen zu zweit bzw. in Kleingruppen zu dritt arbeiten. Geben Sie etwas Zeit für die Erledigung der Aufgabe vor. Alle Punkte, die im Buch aufgelistet sind, sollen besprochen und mit der eigenen Meinung begründet werden. Befragen Sie nach Abschluss der Partner-/Gruppenarbeit die Schüler/innen zu den einzelnen Punkten.

❸ a Look at the picture of a "witch trial". What do you know about them?

Besprechen Sie die Illustrationen im Buch als Vorentlastung zu dem Text in ❹. Erläutern Sie den religiösen Hintergrund der Puritaner. Die erste der drei Fragen kann bereits aus ❶ b beantwortet werden. Lassen Sie die Schüler/innen die weiteren Fragen kurz, eventuell zu zweit, besprechen. Diejenigen Schüler/innen, die zu den *Salem Witch Trials* bereits geschichtliches Vorwissen haben, können dieses an dieser Stelle einbringen. Die weiteren Antworten sind dann dem folgenden Text in ❹ zu entnehmen.

Lösung:
1 in 1692
2 Because two young girls started to behave strangely. They shouted out the names of men and women and said that they were witches.
3 in the town of Salem, Massachusetts

b Now read the text below and check your answers to these three questions.

Gehen Sie nach dem Lesen des Textes zu ❸ a zurück und lassen Sie die Schüler/innen die drei Fragen in der Klasse beantworten.

❹ Read the text and answer the questions that follow it.

Gehen Sie kurz auch auf den Untertitel des Textes, *a dark spot in American history*, ein. Geben Sie den Schülerinnen und Schülern genügend Zeit, den sprachlich eher anspruchsvollen Text zu lesen. Notieren Sie eventuell Wörter, die die Schüler/innen zum besseren Textverständnis benötigen, an der Tafel. Die Fragen zum Text können besprochen oder zur schriftlichen Festigung im Schulübungsheft notiert werden. Vergleichen Sie die Antworten dann gemeinsam. Verweisen Sie ausgehend von dem Text auf die Grammar box auf Seite 35. Planen Sie genügend Zeit ein, um die indirekte Rede anhand von Beispielsätzen aus dem Text gemeinsam in der Klasse zu üben.

Lösung:
1 They threw things around the house, made strange noises, and sat under tables.
2 The doctor said that they were "bewitched".
3 The girls began to shout out the names of about 150 men and women and said that these people were witches.
4 20 people were hanged as witches.

5 Some people think that they had an illness that made them go mad for a short time.
6 The Witch Trials are the basis of a big tourist industry in Salem.

❺ Choose the verbs in the middle column to complete the sentences about the story.

Die Schüler/innen verbinden die Sätze und schreiben Sie dann entweder als Schulübung oder als Hausübung auf.

Lösung: mittlere Spalte, von oben nach unten: 2, 7, 6, 8, 4, 5, 3, 1

❻ Discuss these questions. Say what you think.

Die Schüler/innen sollen die Fragen im Buch zu zweit diskutieren. Die Fragen versuchen mögliche Antworten zu ergründen. Diskutieren Sie sie dann auch abschließend im Plenum.

❼ What do you know about the sports in the photographs?

Fordern Sie die Schüler/innen auf, zunächst die Bilder im Buch zu beschreiben. Fragen Sie dann nach, ob sich Spieler/innen oder Fans von Basketball/Baseball/American Football in der Klasse befinden. Diese können ihr Fachwissen einbringen und eventuell Besonderheiten bzw. Regeln der jeweiligen Sportart näher erklären.

❽ Read the texts quickly. Which team do each of the people in the pictures play for?

Die Schüler/innen teilen die Fotos den kurzen Texten zu. Lesen Sie die Kurzbeschreibungen gemeinsam in der Klasse; ergänzen Sie eventuell weitere Informationen – z. B. zu den New England Patriots: woher der Name New England stammt und welche Bundesstaaten/welches Gebiet damit bezeichnet wird; oder das Kleeblatt auf dem Dress der NBA-Spieler (großer Anteil irischer Einwanderer in Boston), etc.

Lösung: A3, B1, C2

❾ Read these sentences. Which team (or teams) is each sentence about?

Die Schüler/innen arbeiten alleine und entnehmen die gesuchten Informationen den Texten in ❽.

Lösung:
1 The Boston Celtics
2 The Boston Red Sox, The New England Patriots
3 The New England Patriots
4 The New England Patriots, The Boston Celtics
5 The Boston Red Sox

Worksheet 2 ★ **nach ❾**

❿ a Listen and answer the following questions:

Nach dem ersten Anhören beantworten die Schüler/innen die drei Fragen. Dabei sollen der Kontext und die Intentionen des Hörtextes näher analysiert werden.

Lösung:
1 The teacher
2 Helen does most of the talking. She is making a presentation about the Boston Tea Party.
3 The people who interrupt her are her classmates. They want to know more about the Boston Tea Party, that's why they interrupt her.

b Listen again and fill in the missing information.

Beim zweiten Durchgang geht es um das Erfassen der Details; die Schüler/innen vervollständigen nun die Info Box im Buch.

Lösung: 1 five, 2 16th, 3 73, 4 three, 5 about 50, 6 350

⓫ Listen again and circle the correct options.

Nach dem dritten Anhören des Textes werden nun die richtigen Satzelemente im Buch eingekreist. Vergleichen Sie abschließend die Richtigkeit der Antworten.

Lösung: 1 not happy about, 2 a British company, 3 were dressed like Indians, 4 People in the town, 5 cheered, 6 Boston harbour

⓬ Retell the story of the "Boston Tea Party" in your own words (120 words).

Die Zusammenfassung der geschichtlichen Ereignisse rund um die *Boston Tea Party* soll auch optisch schön präsentiert werden; es könnte zum Beispiel eine *timeline* zur frühen amerikanischen Geschichte oder eine Zeichnung zu einer im Hörtext beschriebenen Szene angefertigt werden.

The Mag 3: Stern gets worried

❶ Watch the story. Then tick T (*True*) or F (*False*).

Nachdem die Episode vorgespielt wurde, arbeiten die Schüler/innen alleine und markieren die Sätze. Lassen Sie die falschen Sätze in der Klasse richtigstellen.

Lösung: F, T, F, F, T

❷ Answer the questions and say what you think.

Eventuell könnten die Fragen auch zu zweit beantwortet werden. Die Schüler/innen sollen unbedingt zu der Handlung Stellung nehmen und ihre Antworten begründen.

Lösung:
1 He says that because they aren't going anywhere.
2 She says that it's OK for her. But inside she feels disappointed.
3 Stern says that he's got something else to do.
4 He dreamt about Jessica and Liam in the park together.
5 He smiles and feels very relieved.
6 He thinks that Jessica is disappointed because Liam's got a new girlfriend.

❸ Say the missing words. Practise the dialogues.

Die fehlenden Satzteile werden in die Dialoge eingefügt. Fordern Sie die Schüler/innen abschließend auf, die Szenen nachzuspielen.

Lösung:
1 Are we still on for 2 what are you up to?
3 Let's get cracking! 4 by the way

More Fun with Fido

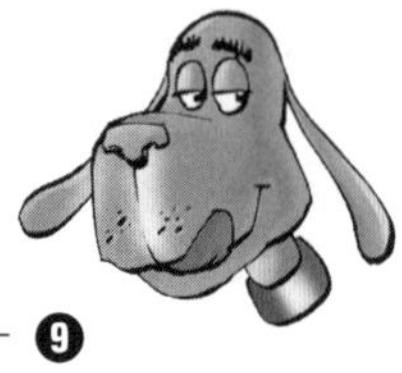

Besprechen Sie den Cartoon kurz in Zusammenhang mit den Übungen ❼ – ❾ über amerikanische Sportarten und verschiedene Teams in Boston.

Worksheet 3 ■ nach Grammar

Worksheet 4 ★ ● nach Grammar

Workbook

❶ ***Lösung:*** 1 odd one out, 2 bully, 3 speak out, 4 whisper, 5 no longer, 6 crowd

❷ ***Lösung:*** 2, 6, 1, 5, 3, 4

❸ ***Lösung:***
1 She wants Stephen to sit down.
2 She wants Hannah to clean the board.
3 She wants Anna to listen to her.
4 She wants everyone to be quiet.
5 She wants Mark and Ingrid to stop talking.
6 She wants Jack to go and tell the headmaster to come.

❹ ***Lösung:*** 3, 5, 1, 6, 4, 2

❺ ***Lösung:*** 1 makes, 2 find, 3 hadn't done, 4 go, 5 say, 6 had, 7 had told

❻ ***Lösung:*** 1 feed, 2 street, 3 closes

❼ ***Lösung:*** 1 usually/like to, 2 spending/going to spend, 3 great/fantastic/wonderful, 4 because, 5 am back/get back/return

❾ ***Lösung:***
a 2, 1, 4, 3
b
1 Last April my dad and I decided to run the Boston Marathon.
2 However, not everyone can take part.
3 The day of the race came and I was really excited.
4 Afterwards I went for a meal with my dad.

❿ ***Lösung:***
1 Why did they drive from Boston to Cape Cod?
2 Why were they glad to see the house?
3 How did they know that no one was living there?
4 What did they see in the middle of the night?
5 What did they find by the fireplace?
6 What had happened to the son?
7 When did one of the sisters tell the story?
8 Why was it a strange type of seaweed?

Everyday English:
1 Are we still on for, 2 what are you up to?,
3 By the way, 4 Let's get cracking

⓫ ***Lösung:*** 1 told, 2 said, 3 told, 4 told, 5 said, 6 told

⓬ ***Lösung:***
1 Patrick said that he was disappointed because he hadn't been chosen for the team.
2 Luke said that his mother wouldn't be at home that afternoon.
3 Barbara told Marie that she had got a present for her.
4 Everyone agreed that that was the best match they had ever seen.
5 Penny said that she would ring me later.
6 Dad said that he could help me with my homework.
7 Ron explained that he had given the keys to Mr Butler.

Zusätzliche Vorschläge

zur Interessensdifferenzierung und für die Arbeit in leistungsstärkeren Gruppen:

❶ **Creative task: nach SB S. 30/31, ❹**

Activity A (mittel).

Imagine that you are spending a two-week holiday in Massachusetts with your family. You have been staying at a hotel in Boston for three days now. Write an email to a friend at home about your trip.
Tell her/him about

- the places you have visited so far
- the things you like/don't like about Boston
- your plans for the next days.

Write an email of 120 – 140 words.

Activity B (anspruchsvoll).

In June 1692, the infamous Salem Witch Trials began. Imagine that you are there in the courtroom, working as a clerk who has to write down all the important information. After the first day of the trials you write a report about what happened in court. Write about the two witnesses and the woman accused of being a witch who gave testimony* on the first day:

- Abigail Williams, 11
- Dr Griggs (the doctor who examined the girls)
- Sarah Osborne (a "witch", in prison)

Now write a report of 150 – 180 words about the testimony each of the three gave. Use reported speech. Here are some expressions that may help you write the text:
She explained that …
She told the judge …
He admitted* …
She confessed* …
He reported …
She denied* …
They doubted* …

VOCABULARY:
give testimony – eine Zeugenaussage machen
admit – zugeben
confess – gestehen
deny – abstreiten, leugnen
doubt – anzweifeln

❷ Boston – A history project

Fächerübergreifend mit Geschichte kann vertiefend ein Projekt zu der Unit durchgeführt werden. Dabei könnte eine historische Begebenheit näher behandelt werden (The Salem Witch Trials; The Boston Tea Party).

In Bezug auf die Hexenverfolgungsprozesse lässt sich auch Arthur Millers *The Crucible* (bzw. Szenen daraus) in den Unterricht einbauen. Es empfiehlt sich, die Schüler/innen in Kleingruppen arbeiten zu lassen. Gestalten Sie ein Arbeitsblatt, mithilfe dessen die Schüler/innen die Geschichte näher erarbeiten. Helfen Sie den Schülerinnen und Schülern mit schwierigem Vokabular. Abschließend sollen die Ergebnisse des Projekts in der Klasse präsentiert werden. Es könnten auch Plakate mit Zeitlinien angefertigt werden, die die wichtigsten Etappen des Ereignisses illustrieren.

❸ Boston in TV series, films and novels

Wählen Sie eine Serie/einen Film/ein Buch zu Boston aus der folgenden Liste aus. Zeigen Sie eine Episode bzw. Ausschnitte des Films oder lesen Sie ein Buch als Klassenlektüre. Analysieren Sie den Schauplatz in der Klasse.

TV-Series:
Ally McBeal
Boston Common
Dawson's Creek (Season 5)
Sabrina, the Teenage Witch
Spenser: For Hire
Films:
Good Will Hunting (1997)
Legally Blonde (2001)
Books:
Cooney, Caroline B., *The Voice on the Radio*, Laurel Leaf 1998.
Kluger, Steve, *My Most Excellent Year: A Novel of Love, Mary Poppins and Fenway Park*, Speak 2009.
Lasky, Kathryn, *Hannah (Daughters of the Sea)*, Scholastic Inc. 2009.
Lupica, Mike, *Miracle on 49th Street*, Puffin 2007.

❹ Famous Bostonians

Vertiefend könnten die Schüler/innen im Lauf der Unit zu berühmten Persönlichkeiten aus Boston Recherchen durchführen. Teilen Sie dazu die Klasse in Kleingruppen ein und lassen Sie die Schüler/innen eine Kategorie ziehen: *Famous writers/actors and actresses/musicians and bands/politicians*, etc. Die Recherche kann sowohl in den Unterricht eingebaut als auch als Hausübung aufgegeben werden. In Form von kurzen Steckbriefen werden die gewählten Personen dann in der Klasse in Mini-Referaten von jeder Gruppe vorgestellt.
Einige Beispiele:
Writers: Ralph Waldo Emerson, Robert Frost, Edgar Allan Poe, Henry David Thoreau
Actors: Ben Affleck, Matt LeBlanc, Edward Norton, Mark Wahlberg
Musicians: *Aerosmith*, *Dresden Dolls*
Politicians: J.F. Kennedy, John Adams

Progress Check Units 1–4

Wie in den vorangegangen Jahren haben die Schüler/innen mithilfe des Progress Checks die Möglichkeit, ihren Lernfortschritt selbst zu testen und zu bewerten. Spielen Sie den Hörtext zwei Mal vor; lassen Sie die Schüler/innen dann die restlichen Übungen zu den einzelnen Kompetenzen alleine erledigen. Vergleichen Sie die Ergebnisse abschließend und fordern Sie die Schüler/innen auf, ihre Antworten selbst zu kontrollieren und auszubessern. Besprechen Sie dann kurz das Abschneiden der Schüler/innen. Das Ergebnis gibt genauen Aufschluss darüber, in welchen Bereichen die Schüler/innen sehr gut bzw. weniger gut abschneiden. Für die Schüler/innen ist dies der Hinweis, wo sie verstärkt üben sollten, um so eventuelle Defizite auszugleichen.

Listening
Listen to the conversation and choose the correct answers to the questions.
Lösung: 1b, 2b, 3a, 4b, 5c

Reading
Read the text and tick T (*True*) or F (*False*).
Lösung: T, F, T, F, F

Grammar
Circle the correct options.
Lösung: 1 was listening, 2 went, 3 want her to, 4 had seen, 5 everyone to leave, 6 were sleeping, 7 didn't want, 8 hadn't been, 9 had run, 10 didn't eat

Vocabulary
Match words and definitions.
Lösung: 8, 4, 7, 1, 2, 5, 9, 10, 6, 3

Dialogue
Complete the dialogue with five of the words in the box.
Lösung: 1 actually, 2 works, 3 beginning, 4 project, 5 totally

UNIT 5 A working life

Sprachliche Schwerpunkte:
Über verschiedene Berufe und eigene Berufswünsche sprechen
Vorbereitung auf und Ablauf eines Bewerbungsgesprächs
Eine Bewerbungsschreiben verfassen

Grammar:
Questions in reported speech

Vorschläge zur Wiederholung:
Past perfect (Unit 2), reported speech statements (Unit 4)

Student's Book

1 Match the words with the pictures.

Die Schüler/innen können bei dieser Übung auch zu zweit arbeiten und den Bildern die jeweiligen Berufe zuordnen. Vergleichen Sie dann die Ergebnisse in der Klasse.

Lösung:
Bild ganz oben: 3
2. Reihe (von links nach rechts): 11, 15, 14
3. Reihe (von links nach rechts): 6, 2, 4, 10, 18
4. Reihe (von links nach rechts): 17, 20, 16, 12
5. Reihe (von links nach rechts): 7, 13, 5
6. Reihe (von links nach rechts): 8, 19, 1, 9

2 Listen. Pay attention to the underlined sounds.

Fragen Sie die Schüler/innen nach dem Anhören, was ihnen bei den unterstrichenen Lauten aufgefallen ist. Die Schüler/innen sollten in der Lage sein, herauszufinden, dass die (schwa-) Laute immer unbetont sind.

3 Listen again and say the rhyme.

Spielen Sie den Reim noch einmal vor. Fordern Sie die Schüler/innen dann auf, paarweise zu arbeiten und sich den Reim gegenseitig aufzusagen. Gehen Sie durch die Klasse und kontrollieren bzw. korrigieren Sie die Aussprache der Schüler/innen.

4 People often talk about the areas they work in. Which of the people above could say:

Bei dieser Übung geht es darum, die in 1 dargestellten Berufe den richtigen Branchen zuzuordnen. Gehen Sie zuerst die Liste (*computing, health care, finance*, etc.) im Buch durch und stellen Sie sicher, dass die Schüler/innen das Vokabular verstehen. Dann arbeiten die Schüler/innen alleine und ordnen die Berufe zu. Vergleichen Sie die Ergebnisse in der Klasse.

Lösung:
computing: 3
health care: 1, 8, 10
finance: 12, 13
education: 17
sales and marketing: 6, 15
the travel industry: 4, 5, 15
the hotel industry: 2, 15, 16, 18
the food industry: 2, 16
(the secretary, 9, könnte in fast allen Branchen arbeiten)

5 Work in pairs. Each of you picks two jobs that you'd like to do. Then ask each other about these jobs and why you picked them.

Bei dieser Übung dienen die Bilder der verschiedenen Berufe als Impuls; natürlich können auch andere Berufe und Berufsvorstellungen besprochen werden. Fragen Sie abschließend einige Schüler/innen der Klasse nach ihren Berufswünschen und den Beweggründen für ihre Wahl.

6 a Listen to Philip and Mandy. What are they talking about? Take notes.

Beim ersten Durchgang notieren die Schüler/innen Stichworte zu den einzelnen Punkten des Interviews.

Lösung: They are talking about their future jobs and about their motivation for these jobs.

b Listen again. Write P (*Philip*), M (*Mandy*), P&M (*Philip and Mandy*) or ø (*neither of them*) next to the questions.

Geben Sie den Schülerinnen und Schülern nach dem zweiten Anhören etwas Zeit, um die Lösungen im Buch einzusetzen bzw. zu kontrollieren. Vergleichen Sie dann gemeinsam.

Lösung: 1 P, 2 P&M, 3 ø, 4 M, 5 M, 6 ø

7 Listen again and answer the questions.

Die Notizen, die beim ersten Anhören schon gemacht wurden, sollten nun beim dritten Durchgang fortgeführt werden. Dann beantworten die Schüler/innen die Fragen schriftlich in ihren Schulübungsheften. Die Übung kann auch zu zweit erledigt werden. Abschließend werden die Antworten verglichen.

Lösung:
1 He has always loved dancing.
2 They think that it is cool and that he is quite good at it. Only one or two of his friends think that dancing is a bit strange for boys.
3 He thinks only men should do physical jobs because you need to be strong for these jobs.
4 She has always wanted to be a soldier since she joined the junior cadets when she was 13.
5 Her female friends think she is mad; her male friends think that she won't do it.
6 She would hate to be a teacher because she could never teach pupils like herself and her friends.
7 She thinks she will give up work while her children are still young.

8 Work in pairs. One of you will play the role of a career advisor (A), the other will play the role of student (B). Take 2 minutes to prepare your part of the interview. Use the prompt cards to help you. Talk for 4 minutes.

Erklären Sie die Aufgabenstellung vor dem Rollenspiel genau und klären Sie den Begriff *career advisor.* Die Schüler/innen arbeiten zu zweit; eine/r übernimmt Rolle A, das Gegenüber Rolle B. Geben Sie den Schülerinnen und Schülern ausreichend Zeit, die *prompt cards* zu lesen. Gehen Sie durch die Klasse und helfen Sie bei Fragen zu den *prompt cards* weiter. Weisen Sie daraufhin, dass in dem Rollenspiel möglichst alle aufgelisteten Punkte besprochen werden sollten. Stoppen Sie dann die Zeit, die zur Vorbereitung zur Verfügung steht. Gleich im Anschluss spielen die Paare ihre Dialoge durch. Fordern Sie abschließend einige Schüler/innen auf, ihre Gespräche vor der Klasse vorzuspielen. Geben Sie gemeinsam mit den Schülerinnen und Schülern Feedback.

9 What kind of work do you think an "event manager" does? Read and check.

Fragen Sie die Schüler/innen zum Einstieg, was sie bereits über den Beruf eines Event Managers wissen. Dann lesen die Schüler/innen den Text im Buch.

10 a Read the text again. Mark these sentences T (*True*) or F (*False*).

Die Sätze werden nun von den Schülerinnen und Schülern angekreuzt. Fordern Sie die Schüler/innen auf, die falschen Sätze richtigzustellen. Abschließend könnte eine kurze Diskussion in der Klasse moderiert werden: *Who would like to work as an event manager? Why/why not?*

Lösung: T, F, F, F, T, T

b Where is the text taken from?

Es geht bei dieser Übung darum, den richtigen Kontext zu finden.

Lösung: d

11 Underline the words in the text. Match them with their definitions to find out what they mean.

Die Schüler/innen arbeiten in zwei Arbeitsschritten. Nach dem Unterstreichen der Wörter im Text werden die Vokabeln ihren Definitionen zugeordnet.

Lösung: 2, 5, 6, 1, 3, 4

12 a Look at the text below quickly and answer these two questions.

Der Text sollte nur kurz überflogen werden, bevor die zwei Fragen gemeinsam beantwortet werden. Ehe der Text dann im Detail gelesen wird, könnten die Schüler/innen gefragt werden, welche Dinge bei einem Jobinterview zu berücksichtigen sind. Erstellen Sie zu den Antworten der Schüler/innen eine Liste von *Dos* und *Don'ts* an der Tafel.

b Read the text again and put the missing advice in the correct places. Write 1 – 6.

Die fehlenden Sätze werden nun in den Text eingefügt. Vergleichen Sie abschließend die Lösung.

Lösung: von oben nach unten: 4, 6, 5, 2; links: 3, rechts: 1

13 Rachel went for a job interview. She wrote an email to her friend after the interview. Complete the email.

Geben Sie den Schülerinnen und Schülern etwas Zeit, die fehlenden Wörter im Text einzusetzen. Vergleichen Sie dann abschließend.

Lösung: 1 give, 2 shake, 3 take, 4 make, 5 was chewing, 6 prepare

Worksheet 1 ■ **nach 13**

14 Use these pictures to talk about how you should behave in interviews.

Die Übung soll paarweise durchgeführt werden. Die im Buch aufgelisteten Punkte sollen dabei alle besprochen, die dafür vorgesehenen Satzanfänge unbedingt verwendet werden. Fragen Sie die Schüler/innen, welche Situationen ihnen noch einfallen, die für ein Jobinterview inakzeptabel wären.

15 Listen to two people tallking about their job interviews. Who had to answer these questions? Write K (*Kelly*) or L (*Liam*) next to each one.

Die Schüler/innen tragen beim ersten Anhören die Lösungen im Buch ein. Erläutern Sie anschließend die indirekte Frage anhand der Beispiele in der Grammar box auf der gegenüberliegenden Seite (S. 43) im Buch.

Lösung: 1 K, 2 L, 3 K, 4 L, 5 K, 6 L

16 Listen again and take notes of Kelly and Liam's answers to each of the questions.

Die Schüler/innen notieren nun die Antworten von Kelly und Liam. Diese Antworten könnten dann zum Anlass genommen werden, *reported speech statements* in einer Schulübung schriftlich zu wiederholen.

Lösung:

1 Kelly said that she liked working with people.
2 Liam told the top journalist at the Daily News that he wanted his job.
3 She told him that she had worked at a DVD shop and at a clothes shop.
4 He said that he had worked for the school newspaper.
5 She said that the company was excellent and that it would be great for her career to work there.
6 He said that he could start the following Monday.

Worksheet 2 ■ ★ **nach 16**

Worksheet 3 ■ **nach 16**

More Fun with Fido

In welchen anderen Berufen könnte Fido arbeiten? Das könnte kurz in der Klasse besprochen werden, z. B. *Fido could work as a gardener because ...*

Worksheet 4 ★ **nach Grammar**

Workbook

1 ***Lösung:*** 1 strangely, 2 bewitched, 3 shout out, 4 prison, 5 infamous, 6 hanged, 7 trials, 8 lost, 9 government

2 ***Lösung:***
1 Betty said that Bridget Bishop had made her dance in the woods.
2 Abigail told him that they had not been dancing with the devil.
3 The judge said that there was enough evidence to hang them.
4 Bridget Bishop said that she hadn't done anything wrong.
5 The judge told her that she would burn in hell for her lies.
6 Betty told him that she couldn't say her prayers any longer.
7 Abigail said that the witches had taken over their bodies and minds.
8 Mr Bishop said that his wife had never done anything wrong. He added that she was a good woman.

3 ***Lösung:*** 1 told, 2 said, 3 said, 4 told, 5 said

4 ***Lösung:***
1 cook, 2 shop assistant, 3 doctor, 4 secretary, 5 dentist, 6 accountant, 7 waiter, 8 soldier, 9 nurse, 10 tour guide, 11 farmer, 12 receptionist, 13 bank clerk, 14 website designer, 15 teacher, 16 electrician, 17 travel agent, 18 mechanic, 19 flight attendant, 20 factory worker

5 ***Lösung:***
1 2, 4, 6, 7, 13, 17
2 1, 7
3 3, 9
4 16, 18
5 11
6 4, 6, 12, 13, 14, 15, 17

6 ***Lösung:***
1. Zeile: nurse, receptionist/waiter, waiter
2. Zeile: travel agent, dentist, farmer

7 ***Lösung:*** c

10 ***Lösung:*** 1 The "Pros", 2 dream, 3 great feeling, 4 successfully, 5 The "Cons", 6 nine to five, 7 take place, 8 the way it is

12 ***Lösung:*** 1 where, 2 how, 3 who, 4 why, 5 when, 6 what

13 ***Lösung:***
1 She asked him how long he had been a singer.
2 She asked him what his first hit had been.
3 She asked him who he had performed with first.
4 She asked him where his last concert had been.
5 She asked him when his next concert was going to be.

14 ***Lösung:***
1 ... his mum that he didn't want to go
2 ... if he was
3 ... wasn't ill
4 ... he hated
5 ... why he hated
6 ... nobody liked him
7 ... called him names behind his
8 ... that they didn't listen to him
9 ... laughed at him.
10 ... him that he had to go to school.
11 ... he was 53

Zusätzliche Vorschläge

zur Interessensdifferenzierung und für die Arbeit in leistungsstärkeren Gruppen:

1 Creative task: nach SB S. 39, 8

Activity A (mittel).
Imagine that you are interviewed for your school magazine. The article is going to be published in the next edition of the magazine. Since the upcoming issue* is going to deal with the working life, the interviewer asks you

- what you want to do when you leave school
- what your interests and talents are
- what jobs interest you (most) and why
- if your parents work in the same field
- what jobs don't interest you at all and why.

Use all of the questions above and make up the interview.

VOCABULARY:
upcoming issue – die nächste Ausgabe

Activity B (anspruchsvoller).
My dream job

Write a text (100 – 120 words) about your dream job. Consider the following questions:

- What kind of job is it?
- What would your dream job look like? What do you expect from it? Money? Stardom? Good friends? Explain.

- What is so fascinating about your dream job?
- When did you first hear about it?
- Are you working hard for your future career? Explain.

❷ How to apply for a job

Planen Sie einige Stunden ein, in denen sich die Klasse mit der richtigen Vorbereitung auf eine Bewerbung beschäftigt. Eventuell können diese Unterrichtseinheiten mit der Kollegin/dem Kollegen, die/der an der Schule für die Bildungslaufbahnberatung zuständig ist, gemeinsam gestaltet werden. Teilen Sie den Unterricht in mehrere Blöcke ein, z. B.:

- How to write a letter of application
- How to write a CV/resume
- How to do a successful job interview.

Die Schüler/innen sollten genügend Gelegenheit haben, die Theorie in die Praxis umzusetzen. Lassen Sie sie nach einer theoretischen Einführung Bewerbungsschreiben und Lebensläufe auf Englisch verfassen. Beim Bewerbungsgespräch kann in Form von Rollenspielen geübt werden. Sollte in der Schule die technische Ausrüstung vorhanden sein, könnten die Rollenspiele auch gefilmt und dann gemeinsam analysiert werden.

❸ Unusual jobs

Zur weiteren Vertiefung des Themas könnte eine Einheit im Computerraum eingeplant werden. Fordern Sie die Schüler/innen auf, zu zweit im Internet zu ungewöhnlichen Berufen zu recherchieren. Diese sollten dann in der Klasse kurz vorgestellt werden. Die Übung könnte auch als Ratespiel durchgeführt werden: Dabei wird die Berufsbezeichnung einfach weggelassen und sollte von den Mitschülerinnen und Mitschülern erraten werden. Hier einige Vorschläge: *furniture tester, Christmas tree decorator, quiz writer, dog psychologist,* etc. Spielen Sie eventuell ein Beispiel gemeinsam in der Klasse durch, indem Sie den gesuchten Beruf kurz beschreiben und dann erraten lassen.

❹ Films about working life

Passend zum Thema der Unit könnte auch ein Ausschnitt aus einem Film angesehen werden, in dem der Arbeitsplatz eine Rolle spielt. Wählen Sie eine Konfliktsituation aus und stoppen Sie die Szene dann. Die Schüler/innen sollen nun über den weiteren Verlauf der Handlung spekulieren.

Vorschläge:
Working Girl (1988)
The Firm (1993)
Jerry Maguire (1996)
High Fidelity (2000)
The Devil Wears Prada (2006)

UNIT 6 Hungry?

Sprachliche Schwerpunkte:
Über (richtige) Ernährung und Essgewohnheiten sprechen
Informationen zu Hunger und Hungersnöten weltweit
Jamie Olivers *Feed Me Better*-Projekt
Ein Erfahrungsbericht zu Essstörungen

DVD: *The Mag 4: The meat debate*

Grammar:
Past perfect (Revision)

Vorschläge zur Wiederholung:
Past perfect (Unit 2), reported speech (Unit 4), questions in reported speech (Unit 5)

Student's Book

❶ Look at the food items here. For each one: a Give it a number to show how much you like it.

Als Einstieg zu dem neuen Thema werden die Lebensmittel und Speisen von den Schülerinnen und Schülern bewertet. Erklären Sie kurz die dazugehörige Punkteskala. Fragen Sie dann nach den beliebtesten und unbeliebtesten Lebensmitteln.

b Give it a letter to show if you think it's healthy:

Nun werden im zweiten Kästchen Punkte für die gesündesten/ungesündesten Speisen vergeben. Auch hier kann abschließend wieder kurz im Plenum besprochen werden, welche Dinge die Schüler/innen als gesund bzw. ungesund bewertet haben.

❷ Compare your ideas with other people in your class.

Lassen Sie die Schüler/innen durch die Klasse gehen, sodass möglichst viele Mitschüler/innen befragt werden können. Die im Buch vorgegebenen Redestrukturen sollen verwendet werden. Die jeweilige Wahl soll von den Schülerinnen und Schülern unbedingt begründet werden.

❸ Talk about food in your family. Work in pairs.

Fordern Sie die Schüler/innen auf, zu zweit zu arbeiten. Es geht nun um die Essgewohnheiten und -vorlieben in der eigenen Familie. Abschließend könnten die Schüler/innen aufgefordert werden, das Essverhalten der Familie der Gesprächspartnerin/des Gesprächspartners kurz zu beschreiben. Dazu sollten sich die Schüler/innen während des Gesprächs einige Stichworte im Schulübungsheft notieren.

❹ Listen and repeat the rhymes.

Die Unterschiede in der Aussprache der drei Laute sollen beim Nachsprechen deutlich, jedoch nicht übertrieben artikuliert werden. Nachdem die drei Reime vorgespielt wurden, üben Sie in der Klasse in mehreren Durchgängen.

❺ Read the information about hunger in the world. Where do you think these numbers should go? Use a dictionary for words you don't know.

Bevor die Schüler/innen die fehlenden Zahlen in den Text einsetzen, ist es unbedingt notwendig, das neue Vokabular in dem Text zu erarbeiten. Legen Sie dazu einige Wörterbucher in der Klasse auf, in denen die Schüler/innen die unbekannten Wörter selbst nachschlagen können. Fordern Sie sie auch auf, die nachgeschlagenen Wörter in einer Liste (nur auf Englisch) an der Tafel zu notieren. Versuchen Sie dann gemeinsam, englische Definitionen für den neuen Wortschatz zu finden. Dann werden die Zahlen aus der Box eingesetzt.

❻ Listen and check.

Der Hörtext dient der Überprüfung der einzusetzenden Informationen. Eventuell könnten die Daten und Zahlen dann auch kurz in der Klasse kommentiert werden, z. B.: *What I find really shocking is the number of ... / What really strikes me is ...* . Notieren Sie die Redewendungen dazu an der Tafel.

Lösung: 1: 12, 2: 100,000, 3: 7, 4: 850, 5: 515, 6: 50, 7: 34, 8: 300

❼ a Look at the text for 10 seconds. How much can you find out about the man in the picture? Compare in class.

Stoppen Sie die Zeit. Fordern Sie die Schüler/innen dann auf, die Bücher zu schließen und möglichst viele Informationen aus dem Text wiederzugeben.

b Now read the text about Jamie Oliver. What changes do you think he would make to this menu? Give reasons.

Geben Sie den Schüler/innen dann mehr Zeit, um den Text durchzulesen. Erklären Sie kurz das Merkkästchen zum Text. Im Anschluss daran sollte das Tagesmenü im Buch besprochen werden. Dabei sollten die Gerichte, die in die Kategorie *junk food* fallen, durch gesündere Alternativen ersetzt werden. Sammeln Sie die Ideen an der Tafel (in Form eines Tagesmenüs).

❽ Here is a page from the *Feed Me Better* website. Match the texts and the pictures. Write the numbers in the boxes.

Die Informationen über *Feed Me Better* sollen das Gesundheitsbewusstsein in Bezug auf das eigene Essverhalten wecken. Die Bilder werden den Textabschnitten zugeordnet. Vergleichen Sie die Lösung dann in der Klasse.

Lösung: 4, darunter: 1, rechts: 3, darunter: 2

❾ Read the texts again. Answer the questions.

Nachdem der Text noch einmal gelesen wurde, werden nun die Fragen beantwortet. Diese können auch schriftlich im Schulübungsheft festgehalten werden. Erklären Sie den Begriff *provide* (Frage 3).

Lösung:

1 Most young people don't know how to cook things because they don't learn about food at school and at home.
2 They are important because they are the ones who cook the meals for the children.
3 School dinners should provide 33% of the nutrition that young people need every day.
4 More money is needed for healthy and nutritious meals.

❿ Match each word about food with a definition.

Die Definitionen werden den einzelnen Wörtern zugeordnet. In dieser Übung wird der Wortschatz erweitert, sodass die Schüler/innen anschließend differenzierter über Ernährung sprechen können. Vergleichen Sie die Lösung in der Klasse.

Lösung: 1d, 2h, 3a, 4c, 5g, 6e, 7i, 8f, 9b

Worksheet 1 ★ ■ **nach ❿**

⓫ Look again at the food items on p. 44. Which words above can you use to describe them?

Üben Sie einige Beispiele gemeinsam in der Klasse. Fordern Sie die Schüler/innen dann auf, die einzelnen Lebensmittel und Speisen zu zweit zu besprechen. Abschließend sollten zu jedem Begriff in ❿ einige Beispiele genannt werden.

⓬ Talk for two minutes about your eating habits.

Erklären Sie die Aufgabenstellung; lesen Sie die einzelnen *bullet points* gemeinsam in der Klasse durch. Erläutern Sie zusätzlich, dass der Zeitrahmen für diese Übung genau vorgegeben ist und von den Schülerinnen und Schülern eingehalten werden soll. Dabei sollte versucht werden, möglichst alle Punkte anzusprechen. Wählen Sie abschließend Schüler/innen aus, die über ihre Essgewohnheiten vor der Klasse sprechen. Stoppen Sie auch dabei die Redezeit. Geben Sie dann Feedback und streichen Sie vor allem die gelungenen Aspekte hervor.

⓭ Look at the text quickly to find the answers to these questions. Then read the text carefully and check.

Geben Sie den Schülerinnen und Schülern wenig Zeit für den ersten Lesedurchgang. Dann versuchen die Schüler/innen, die drei Fragen im Buch zu beantworten. Nachdem der Text noch einmal gelesen wurde, werden die Fragen gemeinsam in der Klasse besprochen.

Lösung:
1 She talks about her eating problems.
2 No, she is better now.

14 What does the text do?

Die Schüler/innen sollen die Textintention erkennen und richtig ankreuzen. Wiederholen Sie anhand des Textes auch die Grammatik der Unit (Grammar box, S. 51).

Lösung: a

15 Tick T (*True*) or F (*False*).

Die Sätze werden im Buch angekreuzt und anschließend verglichen. Dabei sollen die falschen Aussagen korrigiert werden.

Lösung: T, F, F, F, F, T

16 What are your answers to the questions? Work in groups of three.

In Kleingruppen diskutieren die Schüler/innen nun die Fragen. Die im Buch vorgegebenen Redewendungen sollten unbedingt verwendet werden. Fragen Sie dann einzelne Gruppen nach ihrer Meinung zu der Thematik. Eventuell kann sich abschließend auch eine Diskussion zu *eating disorders* (*anorexia, bulimia*, etc.) entwickeln, die für 14-Jährige oft von Bedeutung und Interesse sind. Moderieren Sie die Diskussion; fragen Sie etwa, ob die Schüler/innen Betroffene kennen und wie man sich als Freund/in in dieser Situation verhalten könnte und behilflich sein kann.

17 Look at the pictures. Choose one to create a story with a partner. Then tell the story to the class. You might use the sentences below as starters.

Die Geschichte sollte in Partnerarbeit entwickelt werden. Erklären Sie, dass eine unerwartete Wendung/eine Überraschung im Handlungsverlauf die Geschichte spannender macht. Abschließend sollten einige Teams ihre Geschichten vor der Klasse erzählen. Als zusätzliche Übung könnte das Verfassen der Geschichte auch als Hausübung aufgegeben werden.

The Mag 4: The meat debate

1 Watch the story. Complete the sentences with the words in the box. There are four you won't use.

Die Schüler/innen arbeiten alleine und setzen die fehlenden Wörter ein. Vergleichen Sie abschließend.

Lösung: 1 pizza, 2 loves, 3 animal, 4 police, 5 headmaster, 6 handbag

2 Match the people with what they think.

Die Personen werden ihren Aussagen zugeordnet. Abschließend könnte sich eine Diskussion in der Klasse entwickeln. Fragen Sie die Schüler/innen nach ihrer Meinung: *Do you think it is a good idea to demonstrate for animal rights? Would you like to be/Are you a vegetarian? Why?* etc.

Lösung: 4, 2, 2, 1, 3, 1

3 Say the missing words. Practise the dialogues.

Die fehlenden Redewendungen werden in die Dialoge eingesetzt, die abschließend vorgespielt werden.

Lösung:
1 Go right ahead.
2 Between me and you
3 Not as far as I know.
4 Beats me!

18 a Read what Paul Harris (14) eats. Do you think his diet is healthy?

Besprechen Sie den ersten Teil gemeinsam in der Klasse. Fordern Sie die Schüler/innen auf, jene Gerichte/Lebensmittel aus Pauls Speiseplan zu nennen, die nicht gesund sind und ihre Wahl auch zu begründen. Beachten Sie auch das Merkkästchen zum Text.

b You have just read Paul's text in a youth magazine. Write a letter to the editor of the magazine. Check on p. 30 in your Workbook on how to write a formal letter. Do not forget to use paragraphs!

Erklären Sie, dass die einzelnen Punkte alle im Brief erwähnt werden sollten. Besprechen Sie einzelne gelungene Arbeiten zum Portfolio in der Klasse.

Worksheet 2 ★ **nach 18**

Grammar

Lösung: 1 had, 2 past participle

Worksheet 3 ■ **nach Grammar**

Worksheet 4 ■ **nach Grammar**

More Fun with Fido

Anhand des Cartoons könnten verschiedene Diäten, einseitige Ernährungsgewohnheiten und die damit verbundenen Gefahren besprochen werden. Die Fragestellung könnte folgendermaßen lauten: *What different diets do you know? What do people who are on this diet eat?* etc.

Workbook

1 ***Lösung:*** 3, 8, 1, 2, 9, 4, 5, 10, 6, 7

2 ***Lösung:***
1 My father asked me if I knew the answer.
2 She asked me if I was thirsty.
3 Steve asked her if she wanted an ice cream.

4 We asked her where she had bought her shoes.
5 I asked her what her telephone number was.
6 She asked him if he had seen the film before.
7 I asked him where he was going.
8 He asked her if she wanted some help with her homework.

3 ***Lösung:***

1 She asked me how old I was.
2 She asked me where I lived.
3 She asked me where I had bought the apples.
4 She asked me if I wanted to come with them.
5 She asked me if I was Austrian.
6 She asked me if I had ever been to Dublin.
7 She asked me when I had phoned John.
8 She asked me what job I was interested in.

4 ***Lösung:*** 4, 5, 3, 6, 1, 7, 2

5 ***Lösung:*** 1 feed, 2 developed country, 3 average intake, 4 die of hunger, 5 undernourished, 6 population, 7 affects

6 ***Lösung:*** T, F, F, F, F, T, T

7 ***Lösung:***
Across: 3 harmful, 4 nutritious, 5 filling, 6 fattening, 8 healthy
Down: 1 artificial, 2 revolting, 5 fresh, 7 tasty

8 ***Lösung:*** 1 artificial, 2 fattening, 3 harmful, 4 fresh, 5 tasty, 6 nutritious, 7 filling, 8 healthy

9 ***Lösung:*** c

Everyday English
1 Beats me! 2 Not as far as I know.
3 Go right ahead. 4 between me and you

10 ***Lösung:*** 1 hadn't done, 2 hadn't bought, 3 had stopped, 4 had met, 5 hadn't passed, 6 hadn't rained

11 ***Lösung:*** 1 saw, had met, 2 had seen, wanted, 3 ordered, hadn't eaten, 4 hadn't studied, found, 5 didn't buy, had spent, 6 got, had promised

12 ***Lösung:***

1 Because of bad school dinners Jamie Oliver came up with an idea.
2 Although the world can produce enough food, millions of people die of hunger.
3 Children should eat as much fresh food as possible in order to get lots of vitamins.
4 I talked a lot at dinner so that nobody would notice I wasn't eating.
5 An adult from the US has a calorie intake of 2,500 – 3,000 calories a day, in Africa, however, there are people who only get 300 a day.
6 Although I weighed only 39 kilos, I called myself fat.
7 He didn't eat anything for three days in order to fit into his jeans.

Zusätzliche Vorschläge

zur Interessensdifferenzierung und für die Arbeit in leistungsstärkeren Gruppen:

1 Creative task: nach SB S. 48, 13

Activity A (mittel).

You have just read about Shannon and her eating disorder*. Write **a letter of 150 – 170 words** to her in which

- you tell her your reaction to her story
- you write about your eating habits (favourite food, etc.)
- you offer your advice on healthy food and describe to her what a healthy diet consists of*.

VOCABULARY:
eating disorder – Essstörung
consist of – bestehen aus

Activity B (anspruchsvoller).

Imagine that you are one of Shannon's classmates. In the last weeks you noticed that she was getting thinner and thinner. Yesterday during lunchbreak you addressed* the problem and asked her if something was wrong. You also offered her your help.

Write about the conversation you had with Shannon in the lunchbreak **in your diary**. You are very worried about her. Use some of the information about Shannon's behaviour from the text in your Student's Book for your diary entry. Start like this:

I've known Shannon for four years now, and we've always got along really well with each other. A month ago a strange thing happened at Rebecca's party. Rebecca's sister was really mean to Shannon …

Go on. **Write about 120 – 150 words.**

VOCABULARY:
to address – ansprechen

2 World hunger – a project

Organisieren Sie fächerübergreifend mit Geografie ein Projekt, das sich mit Hunger bzw. Hungersnöten weltweit befasst. Ausgehend von dem Text im *Student's Book* könnten im Zuge des Projekts verschiedene Regionen der Welt näher behandelt werden. Geben Sie einleitend einen kurzen Überblick über die Lebensumstände in Entwicklungsländern. Teilen Sie die Klasse dann in mehrere Gruppen ein und lassen Sie die Schüler/innen Informationen zu einer Region sammeln. Diese sollten dann auf einem *Fact sheet* (ähnlich der Angaben im *Student's Book*, S. 45/5) gesammelt und kurz vorgestellt werden. Geben Sie die Kategorien, die die *Fact sheets* beinhalten sollen, vor, z. B.: *Country/region; population;*

percentage of undernourished people/children; reasons: climate; political, social and economic situation, etc.

❸ You are what you eat

Führen Sie fächerübergreifend mit Biologie ein Projekt zu Ernährungsgewohnheiten und Essverhalten durch. Entwerfen Sie einen Fragebogen, der das Essverhalten der Schüler/innen der Klasse erhebt. Werten Sie die Ergebnisse dann aus und besprechen Sie diese mit den Schülerinnen und Schülern. Ebenso könnten die in dem Text auf S. 48 angesprochenen Essstörungen und die damit verbundenen Gefahren vertiefend behandelt und in vereinfachter sprachlicher Form für den Unterricht aufbereitet werden (*anorexia, bulimia, orthorexia*, etc.).

❹ Books on the topic

Ausgehend von den Artikeln zu Jamie Oliver könnten Sie im Unterricht auf einen weiteren bekannten Koch Großbritanniens eingehen, Teenage Chef Sam Stern. Seine Kochbücher haben bei einem jüngeren Publikum für Furore gesorgt. Bringen Sie z. B. ein Exemplar in den Unterricht mit; verweisen Sie eventuell auch auf seine Homepage, auf der er u.a. in seinem Blog Koch- und Ernährungstipps für Jugendliche gibt (www.samstern.co.uk).

Hier eine Liste seiner Bücher:
Cooking up a Storm – The Teen Survival Cookbook, Walker Books Ltd. 2005.
Real Food, Real Fast, Walker Books Ltd. 2006.
Get Cooking, Walker Books Ltd. 2007.
Sam Stern's Student Cookbook: Survive in Style on a Budget, Walker Books Ltd. 2008.

Eine weiteres Kochbuch, ebenfalls von jungen Köchinnen herausgegeben:
Carle, Meghan, Jill, and Judi, *Teens Cook: How to Cook What You Want to Eat*, Ten Speed Press 2004.

Eine Auseinandersetzung mit Essstörungen verschiedenster Art bieten folgende Bücher:
Friend, Natasha, *Perfect*, Milkweed Editions 2004.
Hautzig, Deborah, *Second Star to the Right*, Puffin 1999.
Menzie, Morgan, *Diary of an Anorexic Girl*, Thomas Nelson 2003.
Wilson, Jacqueline, *Girls Under Pressure* (Girls Quartet, Book 2), Laurel Leaf 2003.

Films:
My Summer of Love (2004)
Sharing the Secret (2000)

UNIT 7 Superheroes

Sprachliche Schwerpunkte:
Informationen zu verschiedenen Superhelden und Superheldinnen (und ihren Widersachern und Widersacherinnen)
Nightmare over the city – a play
Kurzbiografien
Eine eigene Geschichte entwerfen

Grammar:
Adverbs of manner (Revision)
Question tags

Vorschläge zur Wiederholung:
The past perfect (Unit 6), Connecting ideas (Unit 3)

Student's Book

❶ Work in groups. Talk about the superheroes and supervillains in the pictures. What do you know about them?

Erläutern Sie kurz den Begriff *villain*. Teilen Sie die Schüler/innen in Kleingruppen ein, in denen dann die abgebildeten Figuren, ihre Filme, Abenteuer, etc. besprochen werden. In einer abschließenden Runde im Plenum präsentieren die Gruppen die *Superheroes* und *Superheroines* kurzen und nennen eventuell die jeweiligen Antagonist/innen.

Lösung: (von links nach rechts): Superman, Lex Luthor, Wonder Woman, Batman, darüber: Catwoman, Wolverine, Spiderman

❷ The Superman Fact File. Complete the list with information from the box.

Geben Sie etwas Zeit vor. Die Schüler/innen setzen die fehlenden Informationen im Text ein. Verweisen Sie dann auf die Grammar box auf S. 57, in der die *adverbs of manner* anhand von Beispielen aus dem *Superman Fact File* wiederholt werden.

Lösung: 1 Steel, 2 Siegel, 3 1938, 4 Krypton, 5 reporter, 6 enemies, 7 2007

Worksheet 1 ● ■ nach ❷

❸ Listen to the radio show and check your answers. Then listen again. Take notes of any more information you hear and compare your notes in class.

Nun wird anhand der CD überprüft, ob der Text richtig vervollständigt wurde. Spielen Sie die Übung dann noch einmal vor. Die Schüler/innen notieren nun weitere Informationen aus der Radiosendung. Fordern Sie sie auf, diese Informationen in Stichworten an der Tafel festzuhalten.

❹ Look at these pictures. Where can you see the following?

Die Bilder des Cartoons dienen als Vorbereitung auf das Hörspiel über Superkid und seinen Widersacher Kidevil ❼. Die Schüler/innen können bei dieser Übung auch zu zweit arbeiten und gemeinsam versuchen, die gesuchten Begriffe in den Bildern zu finden. Lösen Sie die Übung gemeinsam in der Klasse auf.

Lösung:
a "dream machine": 1
rays: 1
somebody having nightmares: 2
a warehouse that has been turned into a lab (laboratory): 5

❺ Work in pairs. Choose the three pictures that you find the most interesting. Say what you think is happening in each one. Then compare your findings in class.

Die Schüler/innen wählen nun drei Bilder aus, zu denen sie eine kurze Geschichte erfinden. Dabei sollten die dargestellten Personen und Gegenstände genau miteinbezogen werden. Fragen Sie abschließend einige Gruppen nach ihren Bildbeschreibungen. Besprechen Sie keinesfalls, ob die erzählten Versionen dem Hörspiel entsprechen.

❻ Look up the words on the left in your dictionary. Then do the matching exercise.

Nehmen Sie für diese Übung einige Wörterbücher in den Unterricht mit. Die Schüler/innen könnten wieder zu zweit bzw. in Kleingruppen arbeiten. Fordern Sie die Schüler/innen abschließend auf, die richtigen Definitionen zu nennen. Weiters könnten Sätze mit den neuen Vokabeln gebildet werden. Die Übung dient der sprachlichen Vorentlastung der folgenden Geschichte.

Lösung: 9, 5, 8, 6, 3, 7, 2, 1, 4

❼ Now listen to the play.

Spielen Sie das Stück vor. Die Schüler/innen sollen den Ablauf der Geschichte auf S. 53 mitverfolgen. Stoppen Sie die CD eventuell kurz ab und stellen Sie einfache Verständnisfragen zu dem Stück (die Fragen können auch abschließend, nach dem Anhören der gesamten Geschichte gestellt werden): *What does Morgan invent? Why does Monday stop the project? What does Morgan do then? Why does the little girl say that Superkid is bad? How do Janet and Matt know where to look for Morgan? Where do they find him? Where are the plans for the dream machine? What does Morgan do in the end? Will he survive? Why?*

❽ Four sentences in the summary do not belong. Cross them out.

Die Schüler/innen arbeiten alleine und streichen die vier Sätze aus dem Text. Vergleichen Sie abschließend in der Klasse. Erläutern Sie dann auch die Grammatik (*Question tags* – Grammar box S. 57) der Unit, die anhand verschiedener Sätze aus dem Play veranschaulicht wird.

Lösung:
1 It makes you sleep for two days.
2 Morgan sells the machine to Monday.
3 In the nightmares, he takes them all to the planet Krypton.
4 She fights with him.

Worksheet 2 ★ nach ❽

❾ Listen to the song.

Bevor Sie den Song in der Klasse vorspielen, könnte Folgendes in der Klasse besprochen werden: *Would you like to be Superman/Superwoman for one day? If yes, what would you like to change? Think of things in your life that you would like to change with your superpowers.*

Worksheet 3 ■ nach ❾

❿ Put the lines in the correct order to get a summary of the song. Write numbers 1 – 6.

Die Sätze werden in die richtige Reihenfolge gebracht, das Ergebnis wird abschließend verglichen.

Lösung: 6, 5, 4, 1, 2, 3

⓫ Say what you think about the song. Use the language below.

Besprechen Sie zuerst die einzelnen Kategorien (*Say what you think about the song/talking about the band/agreeing/disagreeing*) im Detail. Die Schüler/innen arbeiten dann zu zweit. Erklären Sie, dass alle Kategorien besprochen werden sollten und die Redewendungen im Buch unbedingt zu verwenden sind. Geben Sie die Zeit vor (etwa 3 – 4 Minuten).

⓬ a Look at the texts quickly. Are they: film reviews? film summaries? biographies? short stories?

Nach einem ersten Blick auf die Texte wird die Textsorte bestimmt.

Lösung: c: biographies

b Read the texts again. Write R (*Reeve*) or B (*Berry*). Which of the two actors ...

Die Schüler/innen erledigen diese Aufgabe alleine. Zeigen Sie, passend zu den Texten, eventuell Ausschnitte aus *Superman* und *Catwoman*. Ausgehend von den beiden Biografien könnte zu weiteren berühmten Darstellern und Darstellerinnen des Genres recherchiert und kurze Texte verfasst werden, z. B. Heath Ledger (The Joker in *The Dark Knight*), Jack Nicholson (The Joker in *Batman*), Toby Maguire (*Spiderman*), Kirsten Dunst (Mary Jane Watson in *Spiderman*), Hugh Jackman (*Wolverine*), etc.

Lösung: R, B, R, R, B, B, R, B

Worksheet 4 ■ nach ⓬

13 Your favourite newspaper is organising a writing competition. The topic is "Superheroes". Write a text of about 120 – 160 words and do not take more than 20 minutes to do it. Do not forget to use paragraphs!

Die Texte sollten alle angeführten *bullet points* beinhalten und innerhalb der vorgegebenen Zeit verfasst werden. Zusätzlich könnten die Texte für das Portfolio optisch schön gestaltet werden (z. B. mit einer Zeichnung des beschriebenen Superhelden).

Grammar

Lösung: Adjektiv

More Fun with Fido

Auch Fido könnte als Held in einer *Superhero*-Geschichte fungieren; lassen Sie die Schüler/innen dazu einen Comic-Strip zeichnen, anhand dessen dann die Geschichte verfasst wird.

Workbook

1 ***Lösung:*** 1 had won, 2 had made, 3 had bought, 4 had fallen, 5 had married, 6 had travelled, 7 had seen, 8 had forgotten

2 ***Lösung:*** 1 looked, had gone, 2 had left, arrived, 3 lifted, had met, 4 arrived, had made, 5 had, heard, 6 didn't buy, had sold

3 ***Lösung:*** 1 fattening, 2 filling, 3 artificial, 4 harmful, 5 tasty, 6 fresh, 7 healthy, 8 nutritious, 9 revolting

4 ***Lösung:*** 1 so that, 2 although, 3 In order to, 4 so that, 5 however, 6 although, 7 although, 8 however, 9 In order to, 10 because of

5 ***a Lösung:*** 1d, 2b, 3c, 4d, 5c, 6a

6 ***Lösung:*** 1 research, 2 cure, 3 pleasant, 4 results, 5 breakthrough, 6 nightmares, 7 swallow, 8 coma

7 ***Lösung:*** 1 breakthrough, 2 result, 3 pleasant, 4 pills, 5 dream, 6 research, 7 coma, 8 sleep, 9 nigthmare

8 ***Lösung:*** b

9 ***Lösung:*** 1 wiggle, 2 shake, 3 jump, 4 walk, 5 win, 6 sing, 7 can't

11 ***Lösung:*** 1 strangely, 2 quick, 3 easy, 4 carefully, 5 happy, 6 bad, 7 wonderful, 8 well

12 ***Lösung:*** 1 badly, 2 quickly/fast, 3 well, 4 dangerously

13 ***Lösung:*** 1 are you, 2 doesn't it, 3 isn't he, 4 did you, 5 have I, 6 am I not

Zusätzliche Vorschläge

zur Interessensdifferenzierung und für die Arbeit in leistungsstärkeren Gruppen:

1 Creative task: nach SB S.54, 8

Activity A (mittel).

In the story, Janet tells Matt that lots of kids are sending emails about their nightmares. Write one of these emails of about **100 – 120 words**. In your **email** you tell Janet and Matt

- when your nightmares started
- what happens in your bad dreams
- what other kids have told you about their nightmares.

You also ask Janet and Matt for help.

Activity B (etwas anspruchsvoller).

Read part of the story again. Matt and Janet are looking for Morgan. They are worried that Kidevil might get the dream machine before them.

JANET	Be careful, Superkid! <*to herself*> Maybe I can walk around a little bit. … See what's in that warehouse over there. <*She opens a door.*> Oh, my God. This looks like a lab. What is this?
MORGAN	Not much to look at, is it?
JANET	Who are you?
MORGAN	I'm Morgan.
JANET	So it's you who is behind all this?

Now write **a different ending to the story**. What could be Morgan's answer to Janet's question? Invent your own ending of about **120 – 160 words** and read it out in class.

2 Creating your own story

Fordern Sie die Schüler/innen auf, Comics mit *Superheroes* bzw. *Superheroines* in den Unterricht mitzubringen. Wählen Sie einige Seiten aus verschiedenen Comics aus und kopieren Sie diese für die Klasse. Nun werden Gruppen gebildet, die zu einer Seite eine Geschichte entwickeln. Lassen Sie die Gruppen möglichst eigenständig arbeiten; so könnte etwa eine Szene mit Dialogen ausgestattet oder eine Sequenz aus dem Comic als Stück aufgeführt werden. Am Schluss präsentiert jede Gruppe das Ergebnis der Arbeit.

3 Superheroes and superheroines in films

Es bietet sich an, Ausschnitte aus verschiedenen Filmen, die von Superhelden und Superheldinnen handeln, in der Klasse zu zeigen und für den Unterricht zu analysieren. Bereiten Sie ein Arbeitsblatt vor, das genauer auf die Handlung bzw. auf die Charaktere (die Rolle des Superhelden/der Superheldin und seiner Antagonist/innen) und ihre Eigenschaften eingeht.

DVD Tipps:
Superman (1978), *Superman 2* (1980), *Superman 3* (1983), *Superman Returns* (2006)
Batman (1989), *Batman Returns* (1992), *Batman Forever* (1995), *Batman & Robin* (1997), *Batman Begins* (2005), *The Dark Knight* (2008), *The Dark Knight Rises* (2012)
X-Men (2000), *X2* (2003), *X-Men: The Last Stand* (2006), Spin-off: *X-Men Origins: Wolverine* (2009)
Spider-Man (2002), *Spider-Man 2* (2004), *Spider-Man 3* (2007), *The Amazing Spider-Man* (2012)
Hulk (2003)
Catwoman (2004)
The Incredibles (2004) (Animated film)
Fantastic Four (2005), Fantastic 4*: Rise of the Silver Surfer* (2007)

TV series:
Heroes (2006)
Wonder Woman (1975)

Als weiteres Projekt können Sie die Schüler/innen mithilfe von www.wikipedia.org und www.imdb.com Recherchen zu diversen Figuren aus der Comic-/Filmwelt durchführen lassen. Ein entsprechendes *Superheroes/ Superheroines*-Nachschlagewerk kann (auch online) zusammengestellt werden.

UNIT 8 Travelling down under

Sprachliche Schwerpunkte:
Landeskundliche Informationen zu Australien (Quiz, travel blog, a story, information on Flying Doctors, etc.)
Über Abenteuer im Urlaub schreiben

DVD: *The Mag 5: Australia*

Grammar:
Present simple for future

Vorschläge zur Wiederholung:
Adverbs of manner (Unit 7), question tags (Unit 7), The Mag 4 (Unit 6)

Student's Book

1 Work in pairs. Look at the questions below and take a guess at the answers.

Beginnen Sie die Unit mit einer *mind map* zu Australien. Notieren Sie den Begriff *Australia* an die Tafel und fordern Sie die Schüler/innen auf, ihre Assoziationen dazu an der Tafel aufzuschreiben. Fragen Sie auch, ob eine Schülerin bzw. ein Schüler der Klasse schon einmal in Australien war; falls ja, beziehen Sie sie/ihn als Expertin/Experten in den Unterricht mit ein.
Verweisen Sie dann auf die Redewendungen im Buch. Lesen Sie die Fragen gemeinsam durch. Nun arbeiten die Schüler/innen zu zweit und besprechen die zehn Fragen.

2 Listen to the quiz programme and check your answers.

Die richtigen Antworten werden in dem Quiz gegeben. Die Übung kann auch schriftlich durchgeführt werden, indem die Schüler/innen im Schulübungsheft in Stichworten die richtigen Antworten notieren. Fordern Sie die Schüler/innen abschließend auf, ihr Ergebnis auszuwerten und die richtigen Antworten zu zählen.

Lösung:
1 They came to Australia 40,000 years ago.
2 The Aborigines came from south-east Asia.
3 Australia is as big as the USA without Alaska.
4 About 20 million people live in Australia.
5 The capital of Australia is Canberra.
6 Three animals that we can only find in Australia are the koala, the kangaroo, and the wombat.
7 The three biggest cities are Sydney, Melbourne, and Brisbane.
8 It's midnight.
9 There are six states and two territories.
10 Queen Elizabeth II is the head of state.

3 Read the text quickly and find the answers to the questions.

Besprechen Sie zuerst die Textsorte und fragen Sie, ob die

Schüler/innen selbst Blogs bzw. *Travel blogs* verfasst haben bzw. ob sie diese generell gerne lesen. Dann lesen die Schülerinnen und Schüler den Text. Anschließend werden die Fragen im Buch beantwortet und dann gemeinsam in der Klasse verglichen. Erklären Sie auch die Grammatik – *Present simple for future* – anhand einiger Sätze aus dem Blog (Grammar box, S. 65).

Lösung:
1 They are flying to Alice Springs.
2 He was playing the didgeridoo.
3 It is 22 km long.
4 The last stop in their trip was Sydney.
5 The bridge climb took 3 ½ hours in the end.

Worksheet 1 ● ★ **nach ❸**

Worksheet 2 ★ **nach ❸**

❹ Look at the map on p. 58. Draw the route of the trip.

Um einen besseren Überblick zu gewinnen, zeichnen die Schüler/innen den Reiseverlauf in der Karte ein. Sprechen Sie auch über die großen Distanzen, die dabei zurückgelegt werden.

❺ Answer the following questions.

Diese Übung kann auch paarweise durchgeführt werden. Vergleichen Sie dann die Antworten in der Klasse. Fragen Sie abschließend, ob die Schüler/innen gerne eine ähnliche Reise in Australien unternehmen würden und lassen Sie sie ihre Meinungen begründen: *Would you also like to spend a holiday in Australia? Why / why not? What places would interest you most and why?*

Lösung:
1 The flight took one day and 3 ½ hours.
2 They hired bikes and went round the island.
3 They took lots of photos and waited for the beautiful sunset. Then they went to an Aboriginal heritage centre and went on a bush walk.
4 They went by plane.
5 They liked the beach best.
6 They didn't go camping there because two tourists told them about their dangerous adventure with a crocodile.
7 They did a Harbour Cruise, visited the opera house and climbed the Sydney Harbour Bridge.
8 Amy needed a bag for the presents she bought.

❻ Match the words with the pictures. In pairs, create a story using the words.

Zuerst werden die Begriffe den Bildern zugeordnet, dann wird eine Geschichte dazu erfunden. Die Schüler/innen arbeiten paarweise. Fordern Sie abschließend einige Schüler/innen auf, ihre Geschichte zu erzählen.

Lösung:
1 Reihe: 6, 2, 3
2 Reihe: 4, 5, 1

❼ a Read the story and find the answers to the questions.

Die Schüler/innen lesen die Geschichte alleine und versuchen dann, die drei Fragen zu beantworten. Schüler/innen, die deutlich schneller arbeiten, können diese zusätzlich im Schulübungsheft notieren.

Lösung:
1 Saunders took the gold that the men wanted to steal to the bank in Wilcannia.
2 They only travelled at night because it was too hot to travel during the day.
3 The four men who had followed them and wanted to steal the gold died because of the heat. They died of thirst.

b Read the story again and tick T (*True*) or F (*False*). Then find a good title.

Nun werden die Aussagen angekreuzt. Lassen Sie die falschen Antworten von den Schülerinnen und Schülern richtig stellen. Besprechen Sie dann auch die Vorschläge für einen passenden Titel der Geschichte.

Lösung: F, T, F, T, T, F, F, T

Worksheet 3 ■ **nach ❼**

❽ Pauline works as a pilot for Australia's *Flying Doctors*. Match the sentence halves, then listen and check.

Beziehen Sie wieder eine Landkarte Australiens in den Unterricht mit ein, um die enormen Distanzen zu veranschaulichen. Die Schüler/innen verbinden dann die Satzteile. Die richtige Lösung wird zur Kontrolle vorgespielt.

Lösung: 6, 5, 7, 2, 8, 1, 4, 3

Worksheet 4 ■ ★ **nach ❽**

❾ Work in pairs. One of you will play the role of a travel agent (A), the other will play the role of a tourist (B). Take 2 minutes to prepare your discussion. Use the prompt cards to help you. Talk for 4 minutes.

Die Schüler/innen arbeiten bei dieser Übung zu zweit; eine/r übernimmt Rolle A, das Gegenüber Rolle B. Geben Sie ihnen genügend Zeit, die Aufgabenstellung auf den *prompt cards* zu lesen. Gehen Sie dann durch die Klasse und helfen Sie bei Fragen weiter. Weisen Sie daraufhin, dass in dem Rollenspiel möglichst alle aufgelisteten Punkte besprochen werden sollten. Stoppen Sie die Zeit, die zur Vorbereitung zur Verfügung steht. Dann haben die Schüler/innen vier Minuten Zeit, um ihre Dialoge im Reisebüro durchzuspielen. Fordern Sie abschließend einige Schüler/innen auf, ihre Rollenspiele vor der Klasse aufzuführen. Geben Sie gemeinsam mit den Schülerinnen und Schülern Feedback.

The Mag 5: Australia

1 Watch the story. Cross out the incorrect word(s) and correct them.

Die Schüler/innen korrigieren die Sätze, abschließend wird verglichen.

Lösung: 2 forgotten → kept in touch with, 3 doesn't like → likes, 4 Stern → Jessica, 5 Liam → Nick, 6 happy → sad

2 Put the events in the order that they happen.

Nun wird die richtige Reihenfolge hergestellt.

Lösung: 2, 3, 7, 6, 5, 1, 4

3 Say the missing words. Practise the dialogues.

Spielen Sie die Episode eventuell noch einmal vor. Dann werden die fehlenden Satzteile eingesetzt und die einzelnen Szenen noch einmal vorgespielt.

Lösung:
1 I know how you feel.
2 How come?
3 it's not really my scene.
4 Not on your life!

10 Your English teacher is organising a story writing competition. Write 120 – 160 words, and take about 20 minutes for it. Do not forget to use paragraphs! Write about a holiday adventure. You can use the pictures as a starting point. Describe the place and why people go there. Say if you / the person in the story would like to go there again and why / why not.

Bei dieser Aufgabe kann der Bildimpuls verwendet werden; es kann aber auch ein anderes Abenteuer beschrieben werden. Die Wortanzahl und die vorgegebene Zeit sind unbedingt zu berücksichtigen. Erklären Sie auch, dass die Geschichte durch logische Absätze strukturiert werden soll.

More Fun with Fido

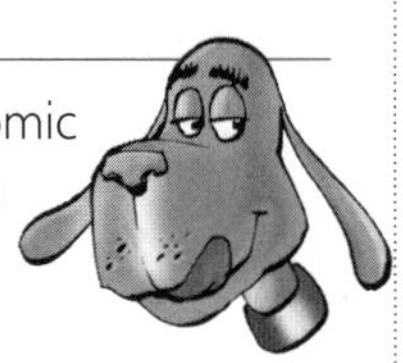

Besprechen Sie kurz den in dem Comic abgebildeten *Boomerang*, seinen australischen Ursprung und seine Funktion als Sportgerät und Wurfwaffe.

Workbook

1 ***Lösung:*** 1 research, 2 breakthrough, 3 pleasant, 4 nightmares, 5 nightmares, 6 result, 7 coma, 8 cure, 9 swallow, 10 supervillain

2 ***Lösung:*** 1 slowly, 2 evilly, 3 bad, 4 quickly, 5 weak, 6 slow, 7 completely, 8 powerful, 9 softly, 10 easily

3 ***Lösung:***
1 You spent the last year in Gotham City, didn't you?
2 You've already seen *The Dark Knight*, haven't you?
3 The X-Men aren't really villains, are they?
4 You'll be at the cinema at five tomorrow, won't you?
5 Batman saves a lot of people, doesn't he?

4 ***Lösung:***
1 arrive, 2 brochure, 3 relax, 4 ancestors, 5 took

5 ***Lösung:*** d

6 ***Lösung:*** 1b, 2a, 3a, 4a

7 ***Lösung:*** 1 Yes, I know, 2 Anyway, 3 They're so cute, 4 What a pain, 5 Don't forget to write

8 ***Lösung:***
a The expressions are too formal.
b 1 Hi, Amy,
2 not what I want
3 Things are going well with Tim
4 is really sweet
5 love to see

10 ***Lösung:***
Duration of climbs: 3 ½ hours
Height of Bridge: 134 metres

Everyday English
1 Not on your life. 2 I know how you feel.
3 How come 4 it's not really my scene

12 ***Lösung:***
1 The plain leaves on Saturday at 8.15.
2 The train arrives at Waterloo Station at 4.50.
3 Bob and Harriet leave at 8 o'clock on Saturday.
4 The parents arrive at Heathrow Airport on Sunday at 2.15.

Zusätzliche Vorschläge

zur Interessensdifferenzierung und für die Arbeit in leistungsstärkeren Gruppen:

1 Creative task: nach SB S. 62, 8

Activity A (mittel).

Read the beginning of the story again:

It was the year 1884 in Milparinga. Inspector Saunders was writing a report at the police station when there was a knock at the door. It was the bank manager. An Aborigine man had heard four men talking in the bar the night before. They wanted to break into the bank to steal the 30 kg of gold that was there. "The Aborigine told me that the men have guns," the bank manager said. "You have to take the gold to Wilcannia for me. Help me, please!"

Now imagine the conversation between the Aborigine man and the bank manager. The Aborigine came to his office in the bank. He started to tell him about what he had heard at the bar the night before. Before you write the story, think of the following:

- Why was he at the bar that night? Who was with him?
- When did he notice the men first?
- Was there anything suspicious about them?
- What did they look like?
- How did he react when he heard about their plans?

Here is the beginning:

Mr Silver, there is something I must tell you immediately. I think that your bank is in great danger at the moment. Yesterday evening I was in town and went to a bar …

Continue. Write a text of about 140 – 170 words.

Activity B (etwas anspruchsvoller).

After having returned from his dangerous trip to the bank in Wilcannia, Inspector Saunders is back in town again. In his report about the successful journey he writes about

- the exhausting trip and the terrible heat
- the two men they met near their camp
- the fate* of the men.

Write his report of about 120 – 150 words.

VOCABULARY:
fate – Schicksal

❷ A project on Australia

Führen Sie ein fächerübergreifendes Projekt zu Australien durch. Ausgehend von den Texten der Unit bieten sich mehrere Fächer für das Projekt an:
a) Geografie: Teilen Sie die Klasse in Gruppen (zu maximal 4 Schülerinnen bzw. Schülern) ein. Die Gruppen übernehmen eine Region Australiens, zu der im Detail recherchiert wird. Stellen Sie ein Arbeitsblatt mit hilfreichem Vokabular zusammen. Jede Gruppe präsentiert abschließend das gewählte Gebiet.
b) Geschichte: Fächerübergreifend mit Geschichte könnte, wieder in Kleingruppen, zur Geschichte Australiens gearbeitet werden. Mögliche Aufgabenstellungen für die Durchführung des Projekts: *The Aborigines / early settlers in Australia / Australia's population today.* Wieder präsentieren die Gruppen abschließend ihre Ergebnisse.
c) Biologie: In der Unit werden bereits einige Tiere genannt, die ausschließlich in Australien beheimatet sind (*koala bears, kangaroos, wombats, quokkas,* etc.). In Gruppen wird zur Fauna und Flora Australiens recherchiert. Stellen Sie Arbeitsblätter zusammen, die die Schüler/innen dann ausarbeiten. Diese könnten abschließend präsentiert bzw. in der Klasse ausgestellt werden. Es bietet sich ebenfalls an, einen Filmausschnitt zum Thema zu zeigen und in der Klasse zu besprechen (siehe *Films*).

❸ Travel blogs and travel diaries

Ausgehend von Amys ausführlichem *travel blog* könnten die Schüler/innen aufgefordert werden, eigene *travel diaries* bzw. *travel blogs* zu gestalten. Diese Übung eignet sich natürlich gut kurz nach den Ferien (auch Semester- bzw. Osterferien); planen Sie sie deshalb zeitlich sinnvoll in den Unterricht ein. Besprechen Sie dann die jeweiligen Reiseberichte in der Klasse und geben Sie Feedback zu den Arbeiten der Schüler/innen.

❹ Books and TV series about Australia

Zum Themenschwerpunkt Australien bieten sich folgende Bücher an, die vor allem guten Schülerinnen und Schülern als zusätzliche Lektüre empfohlen werden können:

Lowry, Brigid, *Guitar Highway Rose*, St. Martin's Griffin 2003.
Follow the Blue, St. Martin's Griffin 2006.

Marsden, John, The *Tomorrow* Series (originally published from 1993-1997).
Latest editions by Scholastic Paperbacks (2006, 2007):
Tomorrow, When the War Began
The Dead of Night
The Third Day, the Frost
Darkness Be My Friend
Burning for Revenge
The Night Is for Hunting
The Other Side of Dawn

Morgan, Marlo, *Mutant Message Down Under,* Harper Paperbacks (10th anniversary ed.) 2004.

TV-Series/Documentations:
Man vs. Wild (Outdoor adventures of Bear Grylls), Season 1 (DVD set), 2007.
The Crocodile Hunter, 2000.
The Flying Doctors (TV series, 1986 – 1991)

Films:
Australia (2008)
Crocodile Dundee (1986)
Ned Kelly (2003)
Walkabout (1971)

Progress Check Units 5–8

Wieder haben die Schüler/innen die Möglichkeit, ihren Lernfortschritt im Progress Check selbst zu testen und zu evaluieren. Spielen Sie den Hörtext zwei Mal vor; lassen Sie die Schüler/innen dann die restlichen Übungen zu den einzelnen Kompetenzen in ihrem individuellen Arbeitstempo erledigen. Vergleichen Sie die Ergebnisse abschließend und fordern Sie die Schüler/innen auf, ihre Antworten selbst zu kontrollieren und auszubessern. Besprechen Sie dann kurz das Abschneiden der Schüler/innen.

Das Ergebnis gibt genauen Aufschluss darüber, in welchen Bereichen die Schüler/innen gut bzw. weniger gut abschneiden. Für die Schüler/innen ist dies der Hinweis, wo sie verstärkt üben sollten, um so eventuelle Defizite auszugleichen.

Listening
Listen to a scene from "The Black Heart". Tick the correct answers.

Lösung: 1a, 2c, 3d, 4c

Reading
Read the text. Then choose the correct answers to the questions after it.

Lösung: 1d, 2c, 3d, 4b

Grammar
Circle the correct option.

Lösung: 1 comes in, 2 leaves, 3 thought, 4 lived, 5 had been, 6 beautiful, 7 hardly, 8 careful, 9 have you, 10 didn't I

Vocabulary
Choose words from the box. There are two you won't use.

Lösung: 1 magazine, 2 technology, 3 accountant, 4 engine, 5 travel agent, 6 electrician, 7 mechanic, 8 spaceship, 9 competition, 10 festival

UNIT 9 Body talk

Sprachliche Schwerpunkte:
Eine kurze Geschichte des Piercings (histor. Überblick)
Körpersprache und unterschiedliche kulturelle Auffassungen
A story (*Goth culture*, Kleidung als Ausdruck der Identität)

DVD: *The Mag 6: A visitor from abroad*

Grammar:
might, may, could (possibility)

Vorschläge zur Wiederholung:
Adverbs of manner (Unit 7), present simple for future (Unit 8), The Mag 5 (Unit 8)

Student's Book

❶ a Look at the picture and the text for a minute. Cover it up and write down the name of the countries you remember.

Fragen Sie die Schüler/innen zu Beginn der Unit, ob sie ungefähr einschätzen können, seit wann es Piercings gibt. Der Text, der einen kurzen historischen Überblick bietet, befasst sich mit diesem Thema und dient als Einstieg in die Unit. Stoppen Sie bei der ersten Übung die Zeit genau. Die Schüler/innen notieren dann die Länder in ihren Schulübungsheften. Sie werten ihre Ergebnisse nach Erledigung von Teil b der Aufgabe selbst aus.

Lösung: Austria, Italy, Egypt, South American/African/Central American countries, England, the United States

b Read the text and check your answer to ❶ a.

Nun wird der Text noch einmal genauer gelesen. Fordern Sie die Schüler/innen auf, auch den Text in der Info-Box mit einzubeziehen. Fragen Sie abschließend nach, wieviele Länder bei ❶ a richtig notiert wurden.

❷ a Tick the sentences T (*True*) or F (*False*).

Anschließend werden die Fragen zum Text angekreuzt und die falschen Aussagen richtiggestellt. Besprechen Sie die gesundheitlichen Risiken, die mit Piercings einhergehen (siehe Info-Box S. 68).

Lösung: T, F, F, F, T, T

b Find words in the text that mean:

Die gesuchten Begriffe sollen dem Text in ❶ entnommen werden. Lassen Sie eventuell mit den Synonymen Sätze zum Thema bilden.

Lösung: 1 trendy, 2 ancient, 3 demons, 4 funeral, 5 imitate

❸ Listen and say the sentences as quickly as possible.

Spielen Sie den Text vor; fordern Sie die Schüler/innen dann auf, zu zweit zu üben. Der Plosiv /p/ am Satzanfang sollte deutlich artikuliert werden.

❹ Work in pairs. One of you will play the role of a teenager (A), the other one the role of a parent (B). Take 2 minutes to prepare your discussion. Use the prompt cards to help you. Talk for 4 minutes.

Erklären Sie die Aufgabenstellung genau. Die Schüler/innen arbeiten zu zweit. In der Vorbereitungsphase können von den Schülerinnen und Schülern weitere Argumente für ihre Rolle in Stichworten auf kleinen Kärtchen notiert werden. Auf keinen Fall sollten die Schüler/innen versuchen, in den zwei Minuten ganze Sätze aufzuschreiben. Erläutern Sie zusätzlich, dass es auch um eine möglichst authentische und glaubwürdige Verkörperung der Rolle geht, in die sich die Schüler/innen hineinversetzen sollen (die Schüler/innen sollen etwa an heikle Diskussionen mit ihren Eltern denken). Beide Gesprächsteilnehmer/innen sollen in den folgenden vier Minuten zu Wort kommen und auf die Argumente des Gegenübers eingehen. Fungieren Sie während der Rollenspiele, von denen dann einige im Plenum vorgespielt werden, als Beobachter/in und geben Sie den einzelnen Gruppen abschließend ein kurzes Feedback.

❺ Look at the photos.

a Work in pairs. Choose three of the photos. Create a short story to explain what happens in each of them.

Lesen Sie das im Buch angeführte Beispiel gemeinsam in der Klasse durch. Notieren Sie eventuell die folgenden Fragewörter an der Tafel: *Who?/Where?/When?/How old?* (etc.) Sie sollen den Schülerinnen und Schülern helfen, möglichst schnell einen Kontext zu den einzelnen Fotos zu finden. Die Schüler/innen arbeiten dann zu zweit und besprechen drei Fotos ihrer Wahl.

b Compare your stories in class.

Abschließend erzählen einige Paare ihre kurzen Geschichten in der Klasse. Geben Sie kurz Feedback und heben Sie besonders originelle Einfälle hervor.

❻ a Read the texts. For each one say which of the photos it goes with. (One text doesn't have a photo!)

Die Nummerierung der Fotos ist zu den Texten einzutragen.

Lösung: 1 Spalte: 2, 6, 1 2 Spalte: 3, 5, 7 3 Spalte: 4, –

b Put the missing expressions in the text.

Dann werden die fehlenden Satzelemente ergänzt. Erklären Sie anhand der Sätze in den kurzen Texten die Grammatik der Unit und verweisen Sie auf die Grammar box auf S. 75.

Lösung: 6: are dirty, 1: are confused, 3: is turned, 5: is unclean, 7: is very rude, 4: is comfortable

c Discuss with a partner. Which countries might you have the most problems in? Explain why.

In der abschließenden Diskussion nehmen die Schüler/innen Bezug auf den Text und begründen ihre eigene Meinung. Fragen Sie dann im Plenum nach einigen Stellungnahmen.

Worksheet 1 ■ ★ nach ❻

❼ Read the questions. Take a few minutes to think about them. Make notes of your thoughts. Then discuss your answers in groups or with the whole class.

Die Schüler/innen sollen nun über eigene Erfahrungswerte mit fremden Kulturen berichten. Lesen Sie zuerst gemeinsam die Fragen und die vorgegebenen Redestrukturen. Aus den Notizen, die die Schüler/innen dann zum Thema machen, sollte sich eine Diskussion in der Klasse bzw. in Kleingruppen entwickeln. Moderieren Sie diese abschließend und lassen Sie möglichst viele Schüler/innen zu Wort kommen.

❽ Look at the picture. Where can you see ... ?

Die Übung dient der sprachlichen Vorentlastung der folgenden Geschichte.

Lösung: a2, b5, c3, d4, e1

❾ a Look at the girl in the picture below. Would you like to be her friend? Why / Why not?

Die Schüler/innen sehen sich das Bild an und schließen dann ihre Bücher. Lassen Sie in einem ersten Schritt das Bild beschreiben. Fragen Sie dann, ob den Schülerinnen und Schülern dieser Look gefällt.

b Read the story and choose the best title for it.

Der Beginn der Geschichte wird in der Klasse gelesen. Dann wählen die Schüler/innen den ihrer Meinung nach besten Titel aus. Die Meinung für die Titelwahl soll kurz begründet werden. Besprechen Sie den in der Geschichte genannten Begriff *goth*.

Worksheet 2 ■ nach ❾

❿ Read the story again. Write letters for the people's names next to the sentences.

Die Personen werden richtig zugeordnet. Dann wird in der Klasse verglichen. Erklären Sie zusätzlich, dass es im englischsprachigen Raum oft üblich ist, dass alle *bridesmaids* die gleichen Kleider tragen, die von der Braut passend zum Brautkleid ausgewählt wurden.

Lösung: 1 F, 2 U, 3 M, A, 4 F, 5 J, 6 F, 7 J, 8 F, 9 F, 10 F, 11 L, 12 F

⑪ Write an ending for the story, which you will read out to your classmates later. Use the questions to help you and write about 120 – 160 words. Take about 20 minutes. Do not forget to use paragraphs!

Gehen Sie die Angabe gemeinsam durch. Dann haben die Schüler/innen 20 Minuten zur Erledigung der Aufgabe zur Verfügung. Einige Versionen werden abschließend in der Klasse vorgelesen.

⑫ Listen to the ending of the story. Then answer the questions in ⑪.

Spielen Sie das Ende der Geschichte vor. Dann werden die Fragen in ⑪ beantwortet, um den tatsächlichen Ablauf der Geschichte noch einmal zusammenzufassen.

Lösung:

1 He seemed to like her.
2 She seemed to like him. She just thought that he looked totally normal.
3 No, later in the evening she changed into her goth clothes.
4 It was a big surprise for her to see that Lawrence had also changed and that he was a goth too.
5 He was really surprised and didn't know what to say.

The Mag 6: A visitor abroad

① Watch the story. Circle the correct answer.

Nachdem die Episode in der Klasse gezeigt wurde, werden die korrekten Optionen im Buch eingeringelt.

Lösung: 1 Jessica's, 2 dad, 3 boots, 4 doesn't want, 5 are, 6 Nick

② Complete the sentences.

Die Sätze werden im Schulübungsheft vervollständigt. Erklären Sie das Verb *object to* (Satz 3). Besprechen Sie dann auch die Aussage *Different countries have different customs.* Die Schüler/innen sollen weitere Beispiele nennen (z.B. *dress code at American schools*), aus denen sich dann eine Diskussion entwickeln könnte: *Do you think British/American schools are too strict? Is the Austrian system better? Would you like to wear a school uniform? Why/why not?* etc.

Lösung:

1 … he thinks that she is at their school for learning English.
2 … her mum is English.
3 … he doesn't want the other pupils to look at her shoes and comment on them.
4 … they have already had a debate about school uniforms.
5 … he wants a picture of her "Austrian school uniform" for the paper.

③ Say the missing words. Practise the dialogues.

Die fehlenden Satzteile werden in die Dialoge eingesetzt. Zur Kontrolle werden die Szenen dann vorgelesen. Besprechen Sie auch die richtige Reihenfolge der Bilder.

Lösung: 1 Pleased to meet you, 2 Don't mention it. 3 I'll see what I can do. 4 That's settled.

⑬ a In pairs, do the following: Choose one question and tell your partner all you can think of. Talk as long as you can. Your partner times you.

Erklären Sie die Aufgabenstellung. Die Schüler/innen sollten zuerst überlegen, zu welcher Frage ihnen die meisten Argumente einfallen. Dann stoppt eine Schülerin/ein Schüler die Zeit und hört seiner Gesprächspartnerin/seinem Gesprächspartner genau zu.

b Tell your partner which of his/her ideas you found most interesting and why. Tell your partner how long he/she was talking.

Anschließend gibt die Zuhörerin/der Zuhörer Feedback. Die Verantwortung für die richtige Durchführung liegt bei den Schülerinnen und Schülern; sie sollten daher auch in der Lage sein zu beurteilen, ob verschiedene Argumente vorgebracht wurden oder sich die Gesprächspartnerin/der Gesprächspartner inhaltlich wiederholt hat.

Worksheet 3 ★ ■ nach ⑬

Grammar:

Lösung:

1 Wenn du über Möglichkeiten sprechen willst, …
2 Nach einem Modalverb kommt immer die Nennform.

Worksheet 4 ■ nach Grammar

More Fun with Fido

Lassen Sie die Schüler/innen ausgehend von dem Cartoon eine Geschichte erfinden. Geben Sie folgende Leitfragen vor: *Where did Fido go? Why did he change into punk clothes? Who did he plan to meet? What happened then? Continue the story.*

Workbook

① ***Lösung:***

1 does … start, starts, finishes
2 does … leave, leaves, leaves
3 does … open, open, doesn't open

② ***Lösung:*** 1 gladly, 2 fast, 3 peacefully, 4 hard, 5 quickly, 6 late, 7 badly, 8 dark, 9 slow, 10 patiently, 11 beautiful

④ ***Lösung:*** 2, 6, 4, 5, 1, 3

5 ***Lösung:*** 1 popular with, 2 started to, 3 stop them from, 4 in common, 5 symbol of

6 ***Lösung:***
a Absätze nach:
1. Spalte Zeile 14: learn
2. Spalte Zeile 4: China; Zeile 15: little
b
2 Old people are very respected in China.
3 There are more than 100 languages in India
4 Indonesia is made up of lots of islands.

8 ***Lösung:***
1 China, India
2 China, India, Europe
3 China, India
4 Indonesia, Europe

Everyday English
1 Pleased to meet you 2 I'll see what I can do
3 That's settled, 4 Don't mention it

10 ***Lösung:*** 1 might explode, 2 may bite, 3 could miss, 4 could hit, 5 might win, 6 may need

11 ***Lösung:*** 1 Chinese, 2 Greek, 3 Hebrew, 4 German, 5 Portuguese, 6 Arabic

12 ***Lösung:***
1 Ask Joe. He may know the answer.
2 I'm not sure. It might be a problem with your Internet provider.
3 Don't stroke the dog. It could bite.
4 She's very upset. She may start crying.
5 It might be the best film I've ever seen.

Zusätzliche Vorschläge

zur Interessensdifferenzierung und für die Arbeit in leistungsstärkeren Gruppen:

1 Creative task: nach SB S. 72, 73; 9 12
Activity A (mittel).

Do task a or b

a The next day after her cousin's wedding, Felicity ("Flicka") writes about the wedding in her diary.

She writes about

- the dress she had to wear for the wedding ceremony and what she thought of it
- the boy she met at the wedding
- the evening she spent with him at the party
- her feelings for him.

Write Felicity's text of about 140 – 160 words.

b The next day after his cousin's wedding, Lawrence writes about the wedding in his diary.

He writes about

- the clothes he had to wear for the wedding ceremony and what he thought of them
- the girl he met at the wedding
- the evening he spent with her at the party
- his feelings for her.

Write Lawrence's text of about 140 – 160 words.

Activity B (etwas anspruchsvoller).

Uncle Jack was really happy. It had been a beautiful wedding ceremony and all the guests were dancing and having fun at the wedding party. In the hall, he came across his niece, Felicity, who had just changed into her "normal" clothes and looked like her old self again – what was the girl thinking?? Black hair, that awful makeup – black lips and a white face, black clothes and heavy boots. And just as he turned and wanted to join the guests in the main room, Lawrence came walking down the stairs. What on earth? What was going on here? Was he into that goth stuff, too? What was wrong with today's youth? And they were walking off together!!

He had to go and tell his wife Nancy about what he had just seen.

Imagine the conversation Uncle Jack has with his wife Nancy. Write a dialogue of about 120 – 150 words.

In the dialogue Jack tells Nancy about
- the incident in the hall
- the way Lawrence looked
- what he thought of the two and their looks.

2 Body cults – a history project

Ausgehend von dem ersten Text der Unit könnte ein fächerübergreifendes Projekt mit Geschichte durchgeführt werden, das sich mit den Anfängen von *Body cults* (*ancient Egypt, ancient Greece, ancient Rome*) beschäftigt und dann einen historischen Bogen (wählen Sie für das Thema interessante Epochen aus) zur Gegenwart spannt. Lassen Sie die Schüler/innen zu den Trends einzelner Epochen recherchieren. Zum Abschluss des Projekts werden die Ergebnisse verglichen bzw. in der Klasse präsentiert.

❸ Various forms of body modification – (an internet search)

Teilen Sie die Schüler/innen in Gruppen ein und fordern Sie sie auf, verschiedene Beispiele zum Thema zu recherchieren. Die Schüler/innen sollten dann in der Lage sein, weitere Trends bzw. Formen von Körperveränderungen zu beschreiben (und eventuell Bilder dazu zu zeigen). In einer Unterrichtsstunde werden die Ergebnisse der Recherche dann im Plenum präsentiert und auch diskutiert. Fragen Sie nach, wo für die Schüler/innen die Grenzen des Akzeptablen liegen und lassen Sie sie ihre Meinungen unbedingt begründen. Weisen Sie nochmals auf die gesundheitlichen Risiken hin, die etliche dieser Erscheinungen mit sich bringen.

❹ Books on the topic

Hier einige Bücher zum Thema. Es empfiehlt sich, Textausschnitte zu kopieren und in den Unterricht zu integrieren.

Burgess Melvin, *Sara's Face*, Puffin 2008.
Cart, Michael, *Rush Hour: Face* (Vol. 3), Delacorte Books for Young Readers 2005.
Hopkins, Cathy, *Mates, Dates, and Mad Mistakes*, Simon Pulse 2004.
Kirberger, Kimberly, *No Body's Perfect: Stories by Teens about Body Image, Self- Acceptance, and the Search for Identity*, Scholastic Paperbacks 2002.

TV-Series Tipp:
Nip/Tuck (2003)

UNIT 10 Crazy collectors

Sprachliche Schwerpunkte:
Sammler/innen und ihre Kollektionen
Über ungewöhnliche Sammlerleidenschaften und Hobbies sprechen und schreiben
The story of Don Vicente

Grammar:
Present perfect vs. past simple
Time expressions

Vorschläge zur Wiederholung:

Past continuous (Unit 1), reported speech (Unit 4), might/may/could (Unit 9)

Student's Book

❶ Look at the photo and the text for thirty seconds. What does the man collect? When did he start? Then read the magazine article carefully and check your answers.

Fragen Sie einleitend, ob die Schüler/innen der Klasse etwas sammeln und besprechen Sie kurz, was von den Schülerinnen und Schülern gesammelt wird.
Stoppen Sie bei der Durchführung der Übung die Zeit genau. Die Illustrationen zum Text geben bereits Hinweise zur Beantwortung der Fragen. Dann wird der Text genauer gelesen und die Schüler/innen überprüfen, ob ihre Antworten richtig waren. Vergleichen Sie dann in der Klasse. Fragen Sie auch, ob sie das ungewöhnliche Hobby von Nick D'Errico interessieren würde und lassen Sie die Antworten begründen.

Lösung:
He collects sand. He started on his honeymoon in Jamaica.

Worksheet 1 ■ nach ❶

❷ Four sentences are missing from the text on p.76. Find them in the list below and write the correct numbers in the boxes in the text. Careful – one sentence is not from the text!

Erklären Sie bei dieser Übung, dass die Sätze logisch in den Text einzufügen sind. Daher sollen die Schüler/innen genau auf die Inhalte vor bzw. nach dem einzusetzenden Satz achten. Vergleichen Sie die Ergebnisse.

Lösung: 3, 1, 4, 5
Satz 2 wird nicht benötigt.

❸ The man in the pictures below, Don Vicente, was a monk who later had a bookshop. He suffered from "bibliomania". What do you think that is?

Erläutern Sie den Begriff *monk*. Sprachbegabte Schüler/innen können das gesuchte Wort *bibliomania* eventuell richtig herleiten.

❹ a Look at the pictures and think of a story. Take notes. Then tell your story to a partner.

b Then listen and put the pictures in the correct order. Write numbers 1 – 8.

Fordern Sie die Schüler/innen auf, anhand der Bilder eine Geschichte zu erfinden. Die Schüler/innen arbeiten zu zweit. Geben Sie einige Minuten Zeit vor. Lassen Sie abschließend einige Schüler/innen ihre Geschichten zu den Illustrationen im Buch erzählen. Spielen Sie dann die Geschichte vor. Die Schüler/innen tragen die Zahlen im Buch ein.

Lösung:
1 Reihe: 1, 3
2. Reihe: 5, 6, 8
3. Reihe: 7, 4, 2

❺ Listen again and take notes to answer the questions.

Bevor die Geschichte noch einmal vorgespielt wird, lesen die Schüler/innen die Fragen im Buch genau durch. In den Schulübungsheften werden dann in Stichworten Notizen gemacht. Fragen Sie dann nach den Antworten und vergleichen Sie die Ergebnisse in der Klasse.

Lösung:
1 He was the keeper of the library of his monastery.
2 The name of the city was Barcelona.
3 Vicente wanted to have it because it was printed in 1482 by Spain's first printer. People believed that it was the only copy left.
4 Augustino Patxot was killed.
5 The police found the stolen books at Don Vicente's house.
6 He said that every man had to die sooner or later but good books had to be preserved.

❻ Use a dictionary to check the words and phrases in the box you don't know. Use the words to write a summary of the story (150 words).

Besprechen Sie die Info-Box zur Aufgabe genau. Fordern Sie die Schüler/innen auf, alle Wörter in dem Kästchen für ihre Zusammenfassung zu verwenden. Die Aufgabe kann als Hausübung erledigt werden. Besprechen Sie dann einige gelungene Zusammenfassungen in der Klasse.

❼ Read through the text quickly to answer the questions.

Die Antworten auf die beiden Fragen sind dem Text nach einem ersten, schnellen Lesedurchgang zu entnehmen.

Lösung:
1 Colin Watson was 63 years old.
2 He had more than 2,000 eggs in his collection.

Worksheet 2 ■ nach ❼

❽ Tick the right answers to complete the sentences.

Der Text wird noch einmal gelesen; dann werden die richtigen Antworten angekreuzt.

Lösung: 1c, 2d, 3d, 4b

❾ Underline the words or phrases in the newspaper article above that mean:

Die Schüler/innen erledigen diese Wortschatzübung alleine. Vergleichen Sie die Ergebnisse dann gemeinsam in der Klasse.

Lösung: 1 illegal, 2 check out, 3 experienced, 4 tiny, 5 fine, 6 search

❿ Read the text again and answer the questions.

Besprechen Sie vor allem die Frage 5 ausführlicher in der Klasse und lassen Sie mehrere Schüler/innen zu Wort kommen. Abschließend könnten die Fragen wieder schriftlich ausformuliert werden.

Lösung:
1 He started his dangerous hobby as a schoolboy.
2 Some of his older neighbours were experienced egg collectors and they showed him how to blow eggs and how to start a collection.
3 His hobby became more dangerous because since 1954 it has been against the law to collect the eggs of wild birds.
4 It's forbidden because lots of wild birds are very rare and need protection.

⓫ Think about these questions and take notes on a sheet of paper. Take three minutes for this. Then work in groups. Each of you talks for two minutes to say what you think.

Die Schüler/innen sollen die Anweisungen genau befolgen. Die Notizen sollten in Stichworten aufgeschrieben, aber nicht ausformuliert werden. In den zwei Minuten Redezeit sollten möglichst alle Fragen angesprochen werden. Gehen Sie während der Übung von Gruppe zu Gruppe und helfen Sie schwächeren Schülerinnen und Schülern, indem Sie die Leitfragen im Buch noch einmal wiederholen.

⓬ Interview three classmates about collecting things.

Lassen Sie die Schüler/innen für diese Übung einen Fragebogen mit den im Buch vorgegebenen Fragen erstellen. In den Fragebogen werden dann die Antworten von drei Mitschülerinnen bzw. Mitschülern eingetragen.

⓭ Report to the class.

Geben Sie den Schülerinnen und Schülern etwas Zeit, die Fragebögen auszuwerten. Besprechen Sie vorher die Satzanfänge im Buch. Dann werden die Ergebnisse der Interviews in der Klasse präsentiert. Gehen Sie auf interessante Details näher ein und lassen Sie Schüler/innen von ihren (ungewöhnlichen) Kollektionen berichten.

14 a Read the following texts and answer the questions.

Die Schüler/innen lesen die beiden Texte leise und beantworten dann die Fragen. Fragen Sie die Schüler/innen auch nach einer persönlichen Stellungnahme: *What do you think about Marcela's and John's collections? Do you think they have got interesting hobbies? Would you also like to collect tea bags/toilet seats? Why/Why not?* etc. Erklären Sie anhand der Texte auch die Grammatik der Unit, die in der Grammar box auf der gegenüberliegenden Seite ausführlich beschrieben ist (S. 81).

Lösung:

1 Marcela started collecting five years ago. John started collecting six years ago.

2 Marcela has collected over 5,000 tea bags. John has collected over 600 toilet seats so far.

b Now read the text again more carefully. Find out what motivated them to start their collections.

Lösung:

Marcela was in England for a holiday and ordered some tea in a tea house. She had never studied the tea bags before and saw for the first time how colourful and attractive they were.

John worked as a plumber and found it interesting how many different kinds of toilet seats people had in their bathrooms.

Worksheet 3 ■ **nach 14**

15 Write your own texts.

Für die Erstellung der Portfolio-Texte recherchieren die Schüler/innen im Internet. Dann wird in Kleingruppen (3 – 4 Personen) gearbeitet und geraten, welche Texte echt und welche frei erfunden sind. Jede Gruppe könnte abschließend einen Text auswählen, der dann für alle in der Klasse vorgelesen wird. Nun raten die anderen Gruppen, ob es sich um einen wahren oder erfundenen Bericht handelt.

Grammar

Lösung:

1 a: 1, 4

1 b: 2, 3

2: past simple: 2, 3; present perfect: 1, 4

3: a

Time expressions:

1: past simple

2: present perfect

Worksheet 4 ■ **nach Grammar**

More Fun with Fido

Zum Cartoon könnte folgende Frage kurz in der Klasse besprochen werden: *You have known Fido for four years now. What else could he be interested in? What could he collect?*

Workbook

1 ***Lösung:***

1. Reihe: index finger, palm, thumb, tongue, sole
2. Reihe: boots, lipstick, bride, bridegroom, wedding dress

2 ***Lösung:*** 1 enter, 2 thought, 3 wore, 4 permission, 5 soles, 6 insult, 7 trouble

3 ***Lösung:*** 1 might not be, 2 could go, 3 could already, 4 might be, 5 could, 6 might not have

4 ***Lösung:*** 1 monk, 2 library, 3 collection, 4 monastery, 5 precious, 6 auction, 7 copy, 8 furious, 9 burnt, 10 ground, 11 must, 12 preserved, 13 death, 14 executed

5 ***Lösung:*** b

6 ***Lösung:*** 1 need, 2 collecting, 3 spend, 4 good, 5 again, 6 matter, 7 different, 8 unusual

7 ***Lösung:*** Claudia

8 ***Lösung:***

1 She started collecting football pictures because her dad had given her some and she thought they were cool.

2 She sometimes buys them with her pocket money or she swaps them with her friends.

3 She keeps them in a big box in a cupboard in her bedroom.

4 Her favourite is a picture of Fernando Torres.

5 She will collect stamps, shells or something crazy like sand perhaps.

9 ***Lösung:*** A2, B1

10 ***Lösung:*** 1 R, 2 D, 3 R, 4 R, 5 D, 6 D

11 ***Lösung:*** F, T, T, F, T, F

12 ***Lösung:*** ran – run, ate – eaten, gave – given, broke – broken, took – taken, went – gone

13 ***Lösung:*** 1 run, ran, 2 gave, given, 3 broken, broke, 4 gone, went, 5 taken, took, 6 eaten, ate

14 ***Lösung:*** 1 've been, 2 wanted, 3 gave, 4 told, 5 haven't studied, 6 forgot

Zusätzliche Vorschläge

zur Interessensdifferenzierung und für die Arbeit in leistungsstärkeren Gruppen:

❶ Creative task: nach SB S. 78, ❼

Activity A (mittel).

Graham Madge works as an officer for the RSPB (The Royal Society for the Protection of Birds). In a newspaper article he writes about

- Colin Watson's tragic accident
- the collection that the RSPB found at Colin Watson's house some years ago
- why birds and birds' eggs need protection and why Colin Watson's hobby is illegal today.

Write an article of about 130 – 160 words.

Activity B (etwas anspruchsvoller).

Bob Simmons is an egg collector. He has got a large collection of eggs. He knows that his hobby is dangerous because it is forbidden. However, he continues collecting eggs because he loves his collection more than anything else in his life. The day he finds the rarest eggs in his collection, the golden eagle's eggs, he writes about his exciting adventure in his diary. He writes about

- who was with him
- where he spotted the golden eagle's nest
- how he managed to climb the cliff
- what the police will do if they find out about the golden eagle's eggs in his collection.

Write his diary entry of about 130 – 160 words.

❷ Presentations in class

Fordern Sie die Schüler/innen auf, die Dinge, die sie sammeln, kurz in der Klasse zu präsentieren. Dabei können auch Gegenstände aus der Sammlung in den Unterricht mitgebracht werden. Folgende Fragen sollten in der Präsentation beantwortet werden:
When did you start collecting?
When did you first have the idea to collect ...?
How many items have you collected so far?
Where do you keep your collection?
Schüler/innen, die nichts sammeln, könnten kurze Präsentationen über ihre Lieblingshobbies vorbereiten und diese kurz vorstellen.

❸ Collecting something for a good cause

Führen Sie mit Ihrer Klasse ein Projekt durch, das einem guten Zweck gewidmet ist. Legen Sie gemeinsam fest, wofür Sie sammeln wollen. Hier sind einige Ideen für das Projekt:
Collecting old clothes for charity
Collecting Christmas toys for charity
Collecting waste in the woods
Collecting/raising money for a donation.

Planen und organisieren Sie das Projekt zeitgerecht und setzen Sie sich mit möglichen Ansprechpartnerinnen und Ansprechpartnern in Verbindung. Das Projekt kann inhaltlich auf Englisch vorbereitet werden. Abschließend schreiben die Schüler/innen eine kurze Reflexion als Projektbericht, in dem z. B. folgende Fragen beantwortet werden:
How long did you plan the project?
What did you collect? For whom?
Was it difficult to carry out the project? Why/Why not?
Why would you (not) like to do such a project again?

UNIT 11 A fair world?

Sprachliche Schwerpunkte:
Informationen zu *Fair Trade* lesen, hören und besprechen
Rassismus (E-Mails, Song): die eigene Meinung ausdrücken
A fair world – a project

Grammar:
The third conditional (revision of the first and second conditional)

Vorschläge zur Wiederholung:

The past perfect (Unit 6), the present perfect vs. past simple (Unit 10)

Student's Book

1 a Look at the pictures and guess the answers to these questions:

Lesen Sie zuerst gemeinsam die Info-Box (*Did you know …?*) in der Klasse. Dann versuchen die Schüler/innen zu zweit die drei Fragen zu beantworten. Fordern Sie sie bei dieser Übung auf, den Text im Buch abzudecken.

Lösung:
1 They are farmers.
2 They live in Honduras in Central America.
3 They are working hard on their coffee farms.

b Read the text and check your answers.

Dann wird der Text gelesen und die tatsächlichen Antworten auf die Fragen besprochen.

2 Complete the fact sheet about Juanita and Ramon.

Die fehlenden Informationen werden ergänzt. Das gesamte *Fact sheet* kann auch in den Schulübungsheften notiert werden. Fragen Sie nach, ob *Fair Trade* den Schülerinnen und Schülern ein Begriff ist. Besprechen Sie, ausgehend von dem Text, die Grammatik der Unit (siehe Grammar box, S. 87).

Lösung:
Juanita has a small coffee farm in Honduras.
She works very hard, but she can never save any money.
She hasn't got a car, a TV, a new fridge or a big radio.
Every morning she listens to the radio because she wants to know about the price of coffee in New York.
She would have sold the farm if she had known that coffee prices would go down so much.
Ramon is not as worried about coffee prices as Juanita.
Ramon doesn't listen to the radio every morning.
Ramon gets a fixed price for his coffee.
Ramon is part of a Fair Trade project.

Worksheet 1 ■ **nach 2**

3 Listen to a journalist talking to students and showing them some facts about coffee. Take notes and compare your information with a partner's.

Die Schüler/innen notieren während der Hörübung Informationen. Dann wird zu zweit verglichen und aus den Notizen der Mitschülerin bzw. des Mitschülers werden weitere Details ergänzt.

4 Listen again and fill in the missing facts.

Die Antworten werden nun beim zweiten Vorspielen der Hörübung im Buch eingetragen.

Lösung:
1 70% of the world's coffee is grown on small farms.
2 It was stopped in 1989.
3 The minimum price for half a kilo of coffee was $1.20.
4 It is 50 cents.
5 They get 50 cents.
6 The big buyers get $7.

Worksheet 2 ■ **nach 4**

5 Work in groups. Discuss these questions and report your findings to the class.

Notieren Sie den Begriff *Fair Trade* an der Tafel. Fordern Sie die Schüler/innen auf, ihnen bekannte Fair Trade Produkte zu nennen (*coffee, orange juice, bananas*, etc.) und schreiben Sie diese ebenfalls auf. Dann besprechen die Schüler/innen die Fragen zu zweit oder in Kleingruppen. Diskutieren Sie abschließend kurz im Plenum (vor allem Frage 3, die eine persönliche Stellungnahme fordert).

6 a Who is the man in the picture? What do you know about him?

Besprechen Sie diese Frage, bevor die Texte gelesen werden. Sammeln Sie wieder einige Ideen der Schüler/innen an der Tafel und ergänzen Sie einige Informationen, die Sie dann erklären: *Baptist Reverend, was shot in 1968 in Memphis, Tennessee, the Civil Rights Movement, March on Washington*, etc.

b Read the blog entries and find out who:

Die Schüler/innen lesen die Stellungnahme schnell durch und tragen dann den Namen der jeweiligen Person im Buch ein.

Lösung: Hannah, Amy, Jason, Martin

c Look at the underlined words in the text. What does each one refer to?

Der Text wird noch einmal gelesen und genauer analysiert. Die Übung kann auch zu zweit durchgeführt werden. Vergleichen Sie die Ergebnisse in der Klasse.

Lösung:
Martin: they're refers to: white people
Hannah: Does it really matter? → it refers to: how a person looks
Amy: I'm not trying to be them → them refers to black people
Jason: I helped her clean it up → it refers to: the mess from the attack
I can't see why people would do this → this refers to: the attack

Worksheet 3 ★ **nach 6**

7 Use a dictionary to find the meaning of the words below.

Fordern Sie die Schüler/innen auf, nachdem die Wörter nachgeschlagen wurden, diese im Kontext zu verwenden und lassen Sie sie Sätze bilden.

8 Work with a partner. For each blog entry say how the writers feel and what they believe and want to achieve.

Erklären Sie die Bedeutung von *achieve*. Die Schüler/innen besprechen die Eintragungen dann zu zweit und analysieren die Gefühle, die in den Texten ausgedrückt werden, genau. Vergleichen Sie abschließend die Meinungen in einer kurzen Diskussionsrunde in der Klasse.

Worksheet 4 ★ **nach 8**

9 Say what you think about racism.

Die Schüler/innen arbeiten weiter zu zweit und formulieren ihre persönliche Meinung zum Thema. Geben Sie einige Minuten Gesprächszeit vor; fragen Sie dann nach einigen Stellungnahmen.

10 Use a dictionary to check the meaning of words you do not understand. Listen and say what the message of the song is.

Wieder arbeiten die Schüler/innen mit einem Wörterbuch und schlagen ihnen unbekannte Vokabeln nach. Spielen Sie das Lied vor und fordern Sie die Schüler/innen dann auf, den Titel und die Botschaft zu erklären. Es könnten auch weitere Songs im Unterricht angehört und analysiert werden, die sich mit dem Thema auseinandersetzen. Hier einige Vorschläge:
A Change Is Gonna Come – Sam Cooke
Black Or White – Michael Jackson
They Don't Care About Us – Michael Jackson
If I Was President – Wyclef Jean
My Hometown – Bruce Springsteen

11 Work in groups and design a website.

Lesen Sie den Text *On the road to hell!* gemeinsam in der Klasse. Besprechen und erklären Sie die Aufgabenstellung ganz genau, ehe Sie die Schüler/innen in Gruppen einteilen. Planen Sie genügend Zeit ein, um das Projekt im Unterricht durchzuführen. Beziehen Sie eventuell eine EDV-Lehrkraft in das Projekt mit ein und gestalten Sie eine Online-Website mit Ihrer Klasse.

Grammar

Lösung: 2, 1
1. Satz (3rd Conditional)

Worksheet 4 ★ **nach Grammar**

More Fun with Fido

Nehmen Sie den Cartoon zum Anlass, um über die Bedeutung regionaler und saisonaler Produkte in der Klasse zu sprechen. In Partnerarbeit besprechen die Schüler/innen kurz, welche regionalen Produkte leicht zu beziehen sind und wie man umweltbewusst einkaufen kann.

Workbook

1 ***Lösung:*** 1 burn to the ground, 2 precious, 3 monk, 4 monastery, 5 furious, 6 preserve, 7 auction, 8 sentenced to death, 9 executed, 10 library

2 ***Lösung:*** 1 illegal, 2 ambulance, 3 neighbours, 4 steal, 5 fined, 6 rare

3 ***Lösung:*** 1 have just heard, heard, 2 Have you ever lived, lived, 3 have never eaten, ate, 4 Have you lost, lost, 5 Has she ever given, gave, 6 She has not told, told

4 ***Lösung:*** 1 Ramon, 2 Juanita, 3 Juanita, 4 Juanita, 5 Ramon, 6 Juanita, 7 Ramon, 8 Ramon

5 ***Lösung:*** 1 save money, 2 daybreak, 3 gone down, 4 good for, 5 finding out, 6 a fixed price, 7 price, 8 part of

6 ***Lösung:*** b

7 ***Lösung:*** 1b, 2a, 3b, 4c, 5a

8 ***Lösung:*** 4, 2, 3, 1

9 ***Lösung:***
1 helpless, picture 1
2 proud, picture 2
3 hurt, picture 4
4 ashamed, picture 2
5 frustrated, picture 3
6 angry, picture 1
7 shocked, picture 4
8 misunderstood, picture 3

12 ***Lösung:*** 1 will help, 2 had, 3 would buy, 4 was, 5 will you get, 6 was not, 7 would help, 8 invited

13 ***Lösung:*** a 3, b 1, c 4, d 5, e 2, f 6

Zusätzliche Vorschläge

zur Interessensdifferenzierung und für die Arbeit in leistungsstärkeren Gruppen:

❶ Creative task: nach SB S. 84, ❻

Activity A (mittel).

In his diary entry, Jason writes about the attack on his friend's house. His friend, K (which stands for Karima), also writes a diary entry which she sends as an email to the Diary Project. In her entry of about 140 – 160 words she explains

- what happened
- how her friend Jason tried to help her
- how she feels about the attack and racism in general.

Activity B (anspruchsvoll).

Add your diary entry to the diary project *Living together in harmony.*

- Write what you think about racism.
- If you can think of a racist incident, refer to it briefly in your text.
- Describe how we can make a difference and take action against racism.

Write a diary entry of about 120 – 150 words.

❷ Fair Trade – a project

Führen Sie vertiefend ein fächerübergreifendes Projekt mit Geografie durch. Gehen Sie in diesem Projekt näher auf die wirtschaftlichen, sozialen und politischen Hintergründe des Fair Trade-Handels ein und geben Sie einleitend einen Überblick über die Entstehung von Fair Trade-Abkommen. Beschränken Sie das Projekt eventuell auf eine Region/ein Land bzw. auf ein Produkt und lassen Sie die Schüler/innen dazu recherchieren. Bereiten Sie Arbeitsblätter für die Recherche vor. Abschließend werden die Ergebnisse in der Klasse präsentiert.

❸ "A fair world?" in films

Wählen Sie Ausschnitte aus einer der folgenden Dokumentationen aus, die im Unterricht gezeigt und anschließend besprochen werden.
An Inconvenient Truth (2006)
Arctic Tale (2007)
Darwin's Nightmare (2004)
Food, Inc. (2008)
The Cove (2009)
We Feed The World (2005)

❹ Books dealing with racism

Besonders gute bzw. interessierte Schüler/innen könnten zusätzlich ein Buch, das sich mit Rassismus auseinandersetzt, lesen. Hier eine Liste mit Vorschlägen:

Bennett, Cherie, *A Heart Divided*, Laurel Leaf 2005.
Blackman, Malorie, *Noughts & Crosses*, Simon & Schuster Children's Publishing (reprint) 2005.
Cooney, Caroline B., *Burning Up*, Laurel Leaf 2001.
Crutcher, Chris, *Whale Talk*, Greenwillow Books (reprint) 2009.
Curtis, Christopher Paul, *The Watsons Go to Birmingham – 1963*, Laurel Leaf 2000.
Hesse Karen, *Witness*, Scholastic Paperbacks 2003.
Nolan, Han, *A Summer of Kings*, Houghton Mifflin Harcourt 2006.

Progress Check Units 9–11

Wieder haben die Schüler/innen die Möglichkeit, ihren Lernfortschritt im Progress Check selbst zu testen und zu evaluieren. Spielen Sie den Hörtext zwei Mal vor; lassen Sie die Schüler/innen dann die restlichen Übungen in ihrem eigenen Arbeitstempo erledigen. Vergleichen Sie die Ergebnisse abschließend und fordern Sie die Schüler/innen auf, ihre Antworten selbst auszubessern und zu bewerten. Besprechen Sie dann kurz die Resultate der Schüler/innen. Das Ergebnis gibt genauen Aufschluss darüber, in welchen Bereichen die Schüler/innen gut bzw. weniger gut abschneiden. Für die Schüler/innen ist dies der Hinweis, wo sie verstärkt üben sollten, um so eventuelle Defizite auszugleichen.

Listening
Listen to the conversation and choose the correct answers to the questions.

Lösung: 1c, 2b, 3a, 4d, 5b

Reading
Read the text and tick T (*True*) or F (*False*).

Lösung: F, T, T, T, F

Grammar
Circle the correct option.

Lösung: 1 hadn't studied, 2 might, 3 could, 4 haven't seen, 5 wouldn't have met, 6 have phoned, 7 had seen, 8 collected, 9 could, 10 was

Vocabulary
Choose words in the box to complete the sentences. There are two you won't use.

Lösung: 1 helpless, 2 go, 3 story, 4 bride, 5 furious, 6 say, 7 proud, 8 library, 9 done, 10 telling

UNIT 12 Ready for reading

Sprachliche Schwerpunkte:
Verschiedene Auszüge aus Romanen analysieren und besprechen
Über Lesevorlieben sprechen/schreiben
Über verschiedene Genres sprechen
Eine Buchbesprechung verfassen

DVD: *The Mag 7: Sales figures*

Grammar:
Reflexive pronouns

Vorschläge zur Wiederholung:
Conditionals (Unit 11), *The Mag 6* (Unit 9)

Student's Book

1 Which of these books looks interesting to you? If you had to pick one, which one would it be and why?

Die Schüler/innen besprechen mit den vorgegebenen Redestrukturen zu zweit, welches Buch sie gerne lesen würden und geben Gründe für ihre Wahl an.

2 Read Brenda's book review. Does she recommend the book?

Fragen Sie nach den Textpassagen, aus denen klar hervorgeht, dass Brenda das Buch empfiehlt. Analysieren Sie die Buchbesprechung kurz gemeinsam in der Klasse (Aufbau/Inhalt).

3 Read the review again and put the events in the order they happen in the book.

Nun lesen die Schüler/innen die kurze Kritik noch einmal und bringen die Sätze in die richtige Reihenfolge.

Lösung: 4, 5, 3, 1, 6, 2

4 Listen to kids talking about "The Boy in the Striped Pyjamas". What do they say about the film? What do they say about the ending? Which other books do they recommend? Discuss in groups of four.

Die Schüler/innen diskutieren in Vierergruppen mögliche Antworten zu den drei Fragen, nachdem sie sich den Dialog zwischen Chris und Maggie angehört haben. Anschließend können sie ihre Ergebnisse im Plenum vergleichen.

Mögliche Antworten: *Chris thinks the film/movie is a disappointment. It isn't really thrilling. He thinks the book is better because the ending is unexpected. In the film you can see what is going to happen.*

Maggie says that is only because he has read the book before he saw the film.

Maggie recommands Once. Chris recommends The Book Thief.

5 Look at the cover of the book. Then decide which blurb (the text on the back cover) goes with the book.

Die Schüler/innen spekulieren zu zweit, welcher Klappentext zu dem Buchcover gehören könnte. Diskutieren Sie mit den Schülerinnen und Schülern, ob Sie dieses Buch gerne lesen würden; ob und warum sie das Cover (nicht) anspricht.

Lösung: 2

6 Listen to Julie, Lisa, Fred and Farid. Take notes to answer the following questions. Write down the words for the main ideas (not details).

Die Schüler/innen notieren die Aussagen der vier Teenager in Stichworten im Schulübungsheft. Spielen Sie den Hörtext zwei Mal vor; stoppen Sie ihn beim zweiten Anhören mehrmals ab, um den Schülerinnen und Schülern genügend Zeit zu geben, Notizen zu machen. Vergleichen Sie dann die Aufzeichnungen in der Klasse.

Lösung:
Julie: She reads two or three books every month and books for school. Her favourite books are girls books, like *Gossip Girl*, and books by Jacqueline Wilson.
Fred: He prefers watching TV. He likes easy reads such as *Pirates of the Caribbean – Dead Man's Chest* and sometimes horror books by R. L. Stine.
Lisa: She likes reading. She likes historical books and books about politics and history. Among her favourites are *The Boy in the Striped Pyjamas*, *Once* and historical novels by Karen Cushman about the Middle Ages.
Farid: He likes reading a lot. He prefers fantasy books such as the Harry Potter books and *Lord of the Rings*, and Philip Pullman's trilogy *His Dark Materials*.

7 Match the books with the definitions.

Die Schüler/innen können die Übung auch zu zweit erledigen. Nehmen Sie zur besseren Veranschaulichung jeweils ein Buchexemplar in den Unterricht mit und besprechen Sie die Charakteristika der Bücher anhand der mitgebrachten Beispiele.

Lösung: 3, 4, 5, 1, 7, 6, 8, 2

8 Look at the questions and make notes of your answers. Then discuss the questions in small groups.

Die Schüler/innen arbeiten zunächst alleine und besprechen dann ihre Ideen in Kleingruppen. Vor allem die vierte Frage wird für Diskussionen sorgen. Fragen Sie abschließend jede Gruppe nach einer Stellungnahme zu dieser Frage.

9 Work in pairs. One of you will play the role of a librarian (A), the other will play the role of a student (B). Take 2 minutes to prepare your discussion. Use the prompt cards to help you. Talk for 4 minutes.

Die Schüler/innen arbeiten bei diesem Rollenspiel zu zweit; eine/r übernimmt Rolle A, das Gegenüber Rolle B. Geben Sie ihnen ausreichend Zeit, die Aufgabenstellungen auf den *prompt cards* zu lesen. Stoppen Sie die Zeit, die zur Vorbereitung zur Verfügung steht, genau ab und helfen Sie den Schülerinnen und Schülern bei Fragen weiter. Erklären Sie auch, dass bei dieser Übung möglichst alle aufgelisteten Punkte besprochen werden sollten. Für das Rollenspiel haben die Schüler/innen vier Minuten Zeit. Fordern Sie abschließend einige Schüler/innen auf, ihre Dialoge vor der Klasse vorzuspielen. Geben Sie gemeinsam mit den Schülerinnen und Schülern Feedback.

⑩ a Look at the book cover. What do you think *Uglies* might be about? Read through the text quickly and check your answers.

Die Schüler/innen spekulieren kurz über die Bedeutung des Titels und besprechen ihre Ideen zu zweit. Dann wird der Text leise gelesen und der tatsächliche Inhalt mit den ursprünglichen Ideen verglichen.

b Read the text again and then answer the questions below.

In einem zweiten Lesedurchgang befassen sich die Schüler/innen nun genauer mit dem Text. In leistungsstarken Klassen können die Schüler/innen aufgefordert werden, die Textstelle abzudecken und die Fragen unterhalb des Textes aus dem Gedächtnis zu beantworten. Nehmen Sie zwei Sätze des Textes (*I'll look after myself. You have to read the book yourself.*) zum Anlass, um über die Grammatik der Unit zu sprechen. Gehen Sie zu der Grammar box auf S. 97 und besprechen Sie die Funktionen der Reflexivpronomen.

Lösung:

1 They're in Lauren's room.
2 He wants to get some ice cream.
3 She has to finish the book she's reading first.
4 The title of the book is *Uglies*.
5 The main character's name is Tally.
6 Her friend's name is Shay.
7 When young people are 16, they have an operation and become Pretties.
8 The group The Smoke hides because they don't want to have an operation. The government hates them and wants to find out where they're hiding.
9 A man called Dr Cable tells Tally to go and find her friend. If she doesn't, she can't have the operation when she's 16.
10 David is the leader of The Smoke.
11 David tells her a secret.
12 He doesn't want to read the book because it's more than 400 pages.

⑪ a Louise Rennison has written a series of books about a girl called Georgia. In this extract from one of the books, Georgia is very bored because her boyfriend is away in New Zealand. Read the extract quickly. Is it: an email? a letter? a novel? a biography?

Die Schüler/innen lesen den Text. Besprechen Sie die richtige Lösung kurz in der Klasse. Analysieren Sie auch den Stil der Passage: *informal English, diary entry, dialogues,* etc.

Lösung: novel

b Read again and tick T (*True*) or F (*False*).

Der Text wird noch einmal gelesen und die Fragen im Buch angekreuzt.

Lösung: F, F, F, T

⑫ Choose the text which best sums up the extract above.

Besprechen Sie die richtige Antwort in der Klasse; fragen Sie auch nach Gründen, warum die anderen Sätze den Text nicht bestmöglich zusammenfassen.

Lösung: c

⑬ a Write the next paragraph for the text in ⑪a.

Bei dieser Aufgabe sollte der Stil möglichst beibehalten und imitiert werden. Fordern Sie die Schüler/innen auf, besonders gelungene Arbeiten in der Klasse vorzulesen.

b Write a book report. Use the text in ❷ or the text below as a model. Write 120 – 150 words. Do not forget to use paragraphs and take about 20 minutes.

Besprechen Sie die beiden Beispiele im Buch im Detail. Die angeführten Punkte sollten unbedingt Bestandteil der selbstverfassten Kritik sein. Dann wählen die Schüler/innen ein Buch aus. Die Vorgaben (Zeit/Länge des Textes) sind möglichst genau einzuhalten.

Worksheet 1 ■ **nach ⑬**

Worksheet 2 ■ **nach ⑬**

Worksheet 3 ■ ★ **nach ⑬**

The Mag 7: Sales figures

❶ Watch the story. Complete with the words in the box. There are four you won't use.

Spielen Sie zuerst die Episode vor. Dann werden die fehlenden Wörter ergänzt. Vergleichen Sie die Sätze in der Klasse.

Lösung: 1 down, 2 120, 3 librarian, 4 horoscope, 5 music column, 6 Jessica

❷ Answer the questions.

Die Fragen können auch im Schulübungsheft notiert werden. Wieder werden die Antworten verglichen.

Lösung:

1 Lucy is worried because sales of *The Mag* are going down.

2 Last year Lucy had to promise Tyler to go to the cinema with him if he won the raffle.
3 Miss Elliot says that hardly any students come to the library any more.
4 Jessica doesn't think Stern would be a good agony uncle because he didn't give her good advice on what dress to wear when they were invited to a party.
5 Stern doesn't think Nick would be a good music critic because other kids don't like his taste in music.

3 Say the missing words. Practise the dialogues.

Die fehlenden Satzteile werden eingefügt; die Szenen werden dann zur Überprüfung in der Klasse vorgespielt.

Lösung:
1 Get out of here! 2 The penny's dropped.
3 Leave it out 4 I doubt it.

Grammar

Lösung: 1, 2, 1, 1, 1, 2, 1, 1, 2

Worksheet 4 ■ ★ nach Grammar

More Fun with Fido

Ziehen Sie den Text des Cartoons als weiteres Beispiel bei der Erklärung der Grammatik der Unit heran (→ *I need them myself every day!*).

Workbook

1 *Lösung:* 5, 4, 2, 6, 3, 1

2 *Lösung:* 1 d, 2 f, 3 b, 4 a, 5 e, 6 c
1st conditional sentence:
Well, if I buy anything again, I'll remember what you've told me.
2nd conditional sentence:
If they asked for more money, they wouldn't get jobs.
3rd conditional sentences:
Actually, if it hadn't been so cheap, I wouldn't have been able to buy it.
I'm sure you wouldn't have bought it if you'd known why it was so cheap.
You mean, if the shop hadn't paid the workers who made this jacket so little, it wouldn't have been so cheap.
If I hadn't watched a TV programme about Fair Trade recently, I wouldn't have known about it either.

3 *Lösung:* 1 play, 2 biography, 3 novels, 4 dictionary, 5 anthology of short stories, 6 screenplay, 7 poetry

4 *Lösung:* 2, 4, 1, 6, 3, 5

5 *Lösung:* 1 upset, 2 exploring, 3 grab me, 4 couldn't put it down, 5 passed, 6 picked

6 *Lösung:* 9, 3, 7, 1, 5, 6, 8, 4, 2

7 *Lösung:*
a Alex Rider is a teenage spy. Anthony Horowitz is the author of the books.
b 2, 1, 3
c 1 huge, 2 thrilling, 3 young, 4 dangerous, 5 evil

8 *Lösung:*
a adverbs
b yes
c They add meaning to the verbs and make the text more interesting.

10 *Lösung:* 1 books, 2 tanned, 3 fun, 4 biography, 5 sure, 6 poetry, 7 stare, 8 rhymes, 9 looks

Everyday English

Lösung:
I doubt it, leave it out, the penny's dropped,
Get out of here!

11 *Lösung:* 1 yourself, myself, 2 themselves, 3 ourselves, yourselves, 4 yourself, myself, 5 herself

12 *Lösung:* 1 himself, 2 ourselves, 3 themselves, 4 yourselves, 5 herself
2, 5, 3, 1, 4

13 *Lösung:*
1 I baked the cake myself.
2 We cooked dinner ourselves.
3 They asked themselves the same question.
4 He picked up the prize himself.
5 You reviewed the book yourself.
6 She didn't enjoy herself at the movies.

Zusätzliche Vorschläge

zur Interessensdifferenzierung und für die Arbeit in leistungsstärkeren Gruppen:

1 Creative task: nach SB S. 93, 11

Activity A (mittel).

Read the following text about the book *Uglies*:

Tally looks for The Smoke and finds them. And she becomes a spy, but she falls in love with The Smoke's leader, David. And David tells her a secret. He tells her why all the 16-year-olds are operated on.

Now write the scene when David tells Tally the secret. Then continue the story in 150 – 200 words. The following questions may help you write the story:

- Where are they hiding?
- What kind of secret is it?

- Is Tally in danger?
- Does she stay with The Smoke or does she return to Dr Cable and give him all the information?

Activity B (sehr anspruchsvoll).

Read the dialogue about the book *Uglies* by Scott Westerfeld again. Then write a blurb of about 100 words.

Your blurb should

- be exciting and grab the readers' attention
- tell the readers something about the plot of the book
- make the readers want to buy the book.

❷ A reading project

Führen Sie mit Ihrer Klasse ein Leseprojekt durch. Besprechen Sie zuerst den *Study tip Reading* im *Student's Book* (S. 94). Die Schüler/innen wählen dann ein Buch, das sie für das Projekt lesen. Geben Sie die Zeit, die sie zur Verfügung haben, vor. Unterstützen Sie die Schüler/innen bei der Wahl der Bücher. Abschließend soll von jeder Schülerin bzw. von jedem Schüler eine *Book review* am Computer verfasst werden. Darin sollte der Inhalt kurz vorgestellt. Die eigene Meinung über das Buch soll klar zum Ausdruck kommen, diese soll auch unbedingt begründet werden. Weiters sollte die Buchbesprechung eine Empfehlung beinhalten.
Folgende Websites bieten ausführliche Anregungen zu Young Adult Novels:
www.rezensionen.schule.at
www.teenreads.com
Beachten Sie auch die folgende Leseliste.

❸ Novels for 14-year-olds: a comprehensive reading list

Hier finden Sie sämtliche in der Unit angeführten Bücher, die bei näherem Interesse für das Leseprojekt (siehe Punkt 2) geeignet sind, in alphabetischer Reihenfolge:

Blackman, Malorie, *Noughts & Crosses*, Corgi Childrens (new ed.) 2006.
Blackman, Malorie, *The Stuff of Nightmares*, Corgi Childrens 2008.
Boyce, Frank Cottrell, *Millions*, Macmillan Children's Books, (revised ed.) 2008.
Boyne, John, *The Boy in the Striped Pyjamas*, Black Swan (new ed.) 2007.
Cabot, Meg, *The Princess Diaries series*, Macmillan Children's Books 2001-2009.
Colfer, Eoin, *Artemis Fowl series*, Viking Press 2000-2010.
Giles, Gail, *Dead Girls Don't Write Letters*, Simon Pulse (reprint ed.) 2004.
Gleitzman, Morris, *Once*, Puffin 2006.
Haddon, Mark, *The Curious Incident of the Dog in the Night-Time*, Vintage 2004.
Horowitz, Anthony, *Alex Rider series (Stormbreaker – Crocodile Tears)*, Walker Books 2000-2009.
Kerr, Judith, *When Hitler Stole the Pink Rabbit*, Collins (new ed.) 2002.
Na, An, *A Step from Heaven*, Allen & Unwin 2002.
Pullman, Philip, *His Dark Materials trilogy*, Scholastic 1995-2000.
Rennison, Louise, *Away Laughing on a Fast Camel*, HarperTempest 2004.
Rowling, J. K., *The Harry Potter series (1-7)*, Bloomsbury Publishing PLC 1997-2008.
Snicket, Lemony, *A Series of Unfortunate Events*, HarperCollins 1999-2006.
Stine, A. L. Various novels
Trimble, Irene, *Dead Man's Chest (Pirates of the Caribbean)*, Random House Disney 2006.
Von Ziegesar, Cecily, *Gossip Girl series*, Bloomsbury Publishing PLC 2003-2008.
Westerfeld, Scott, *Uglies*, Simon Pulse (new ed.) 2005.
Wilson, Jacqueline, *The Illustrated Mum*, Corgi Yearling 2000.
Wilson, Jacqueline, *Kiss*, Corgi Childrens 2008.
Zusak, Markus, *The Book Thief*, Doubleday 2007.

UNIT 13 Space

Sprachliche Schwerpunkte:
Historische/technische Informationen zur Raumfahrt
The price (a story)
Hörtexte zu Reisen im Weltall

DVD: *The Mag 8: UFOs*

Grammar:
Phrasal verbs

Vorschläge zur Wiederholung:

Time expressions (Unit 10), reflexive pronouns (Unit 12), The Mag 7 (Unit 12)

Student's Book

1 Look at the photos and find the following things.

Als Einstieg werden die im Buch aufgelisteten Dinge den Abbildungen zugeordnet. Forden Sie die Schüler/innen auf, in Partnerarbeit die Lösung zu finden. Die Lösung wird im Plenum besprochen, indem die Schülerinnen und Schüler jedem Begriff eine Zahl (1 bis 6 von links nach rechts) zuordnen.

2 Discuss the questions in pairs.

Zu zweit werden dann die folgenden Fragen diskutiert und die Antworten begründet. Die Schüler/innen sammeln auch Fakten, die ihnen zu dem Begriff *space travel* einfallen. Abschließend könnten diese dann an der Tafel gesammelt werden. Lassen Sie jede Schüler/innengruppe 1 – 2 Begriffe notieren.

3 Read the text. Match the titles with the paragraphs. There is one title you won't use.

Die Schüler/innen lesen den Text leise und setzen dann die Überschriften ein. Anschließend wird in der Klasse verglichen.

Lösung: 5, 1, 3, 4, 2

Worksheet 1 ★ nach **3**

4 Work with a partner. Make notes of 6 facts from the text. Then test each other.

Weisen Sie vor der Durchführung der Übung auf die Satzanfänge im Buch hin, die die Schüler/innen verwenden sollten. Geben Sie den Schülerinnen und Schülern einige Minuten Zeit, Fakten aus dem Text zu notieren und dazu Fragen zu formulieren. Dann schließen die Schüler/innen die Bücher. In Partnerarbeit wird nun das Wissen getestet und abgefragt. Für jede richtige Antwort gibt es einen Punkt; die Schüler/innen werten, ebenfalls zu zweit, ihre Ergebnisse aus.

5 a Discuss with a partner. How is a balloon like a rocket?

Die Schüler/innen diskutieren den physikalischen Aspekt der Frage, ohne den Text im Buch zu lesen.

b Read through the text quickly and check your answer.

Dann wird der Text schnell durchgelesen und so die eigene Antwort überprüft. Fragen Sie auch, woher der Text stammen könnte und analysieren Sie kurz die Textsorte.

6 Tick the sentences T (*True*) or F (*False*). Correct the false sentences.

Die Schüler/innen lesen dann den Text noch einmal und kreuzen die Aussagen im Buch an. Vergleichen Sie die Ergebnisse.

Lösung: F, F, T, T, F

7 a *The Price* is a story about a girl called Emily who loves to paint. Look at the pictures. What kind of things does she paint? Read the first part of the story quickly to check.

Besprechen Sie die erste Frage im Plenum. Dann lesen die Schüler/innen den ersten Textabschnitt, um ihre Antworten zu überprüfen.

Lösung: Emily paints scenes of outer space.

b Read the story and answer the questions at the end of each section.

Der Text wird leise gelesen; die Fragen am Ende des jeweiligen Abschnitts beantwortet. Vergleichen Sie abschließend die Antworten auf die Fragen, die auch schriftlich im Schulübungsheft festgehalten werden können. Besprechen Sie abschließend auch den Titel der Geschichte: *What does the title of the story refer to? Explain.*

Erläutern Sie anhand einiger Sätze aus der Geschichte auch die Grammatik der Unit (*phrasal verbs*), die in der Grammar box auf S. 105 übersichtlich zusammengefasst und erklärt ist.

Lösung:

1 She wasn't worried at first because Emily was a quiet kid and got on well with everyone. Her grades at school were also good.
2 At first she had always painted animals, flowers and other things she saw outside. Then her subjects changed and she painted cars, people and sports events. One day she started painting scenes of outer space.
3 She said that they were places she went to at night.
4 He was unhappy because he had been a successful writer once but now people were starting to forget about him.
5 She went there because she had run out of paint and didn't want to wait.
6 He was fascinated by them and bought them.

7 He put them on the wall in his office and started to write a new TV series. The TV studio loved his idea for the new series *Alien Worlds*.
8 They saw Emily in the picture, taking off from earth in a spaceship.

Worksheet 2 ■ nach 7

8 How could the story continue? Choose one of these three texts to start. Discuss with a partner how it could go on. Write your story.

Die Schüler/innen arbeiten zu zweit und entwickeln aus einer der Ideen im Buch eine Fortsetzung der Geschichte. Der Text wird dann für das Portfolio verfasst und eventuell auch illustriert. Besprechen Sie besonders gelungene Texte in der Klasse und fordern Sie die Schüler/innen auf, ihre Fortsetzungen vorzulesen.

9 Listen to the radio advert and complete the text.

Spielen Sie den Text vor und fordern Sie die Schüler/innen auf, die gesuchten Informationen einzusetzen. Vergleichen Sie die fehlenden Details.

Lösung: 1 ten, 2 three, 3 100 km, 4 damage, 5 two, 6 money

10 Listen to the radio news and tick the correct options.

Wieder geht es um das Detailverstehen. Während die Nachrichtensendung vorgespielt wird, kreuzen die Schüler/innen die richtigen Informationen an. Besprechen Sie dann kurz die Lösungen in der Klasse und stellen Sie folgende Frage zur Diskussion: *Would you like to fly into space for a holiday? Why/why not?*

Lösung: 1c, 2c, 3a, 4c, 5c, 6b, 7a

Worksheet 3 ★ nach 10

11 Listen to the song and decide if the statements are T (*True*) or F (*False*).

Spielen Sie das Lied vor und überprüfen Sie dann, ob die Schüler/innen richtig angekreuzt haben. Bei Interesse könnten weitere *space songs* in den Unterricht eingebaut und analysiert werden. Hier einige Vorschläge:

Countdown – *Rush*
Rocket Man – Elton John
Space Oddity – David Bowie
Space Truckin' – *Deep Purple*
The Final Countdown – *Europe*

Lösung: F, T, F

12 Think of the story behind the song. Think about these questions. Tell your stories in groups. Use the past tense.

Der erste Teil der Aufgabe wird von den Schülerinnen und Schülern allein erledigt. Die Leitfragen sollen ihnen helfen, eine Geschichte rund um den Inhalt des Songs zu erfinden.

Teilen Sie die Klasse dann in Gruppen ein (3 – 4 Schüler/innen pro Gruppe). Dann erzählen alle Teilnehmer/innen in der Gruppe ihre Version der Geschichte. Jede Gruppe wählt intern die beste Geschichte, die dann in der Klasse erzählt wird.

The Mag 8: UFOs

1 Watch the story. Cross out the incorrect word(s) and make the correction.

Spielen Sie zuerst die Episode vor. Dann werden die Sätze im Buch korrigiert und gemeinsam verglichen.

Lösung: 1 Jessica → Lucy, 2 ghosts → a UFO, 3 school bag → camera, 4 library → computer lab, 5 tennis → football, 6 school café → computer lab

2 Complete the sentences with the names in the box. You can use the names more than once.

Spielen Sie die Episode noch einmal vor. Dann werden die Namen eingesetzt.

Lösung: 1 Lucy, 2 Lucy, 3 Stern, 4 Stern, 5 Liam, 6 Lucy

3 Say the missing words. Practise the dialogues.

Nachdem die fehlenden Satzteile eingesetzt wurden, werden die Szenen von den Schülerinnen und Schülern vorgespielt. Fragen Sie zusätzlich nach der Reihenfolge, in der sie in der Episode vorkommen.

Lösung:
1 a matter of life and death. 2 don't just stand there. 3 Cross my heart. 4 I might have known.

Grammar

Lösung:
1 set off, 2 take off, 3 come up with, 4 get on with, 5 run out of

Worksheet 4 ● ■ nach Grammar

More Fun with Fido

An dieser Stelle könnte ergänzt werden, dass es Tierversuche vor der bemannten Raumfahrt gegeben hat: Der Hund Laika wurde zu Versuchszwecken 1957 von der Sowjetunion in dem Raumschiff Sputnik 2 ins Weltall geschickt, hat die Reise allerdings nicht überlebt.

Workbook

1 ***Lösung:*** biography: 4, thriller: 1, comic: 6, poetry anthology: 2, romantic novel: 5, short story collection: 3

2 ***Lösung:*** 2, 5, 3, 6, 1, 8, 4, 7

❸ ***Lösung:***
an astronaut, an explosion
an asteroid, a space shuttle

❺ ***Lösung:***
a 1c, 2b, 3d, 4a
b 1c, 2c, 3b

❻ ***Lösung:*** c

❼ ***Lösung:*** 1 passengers, 2 journey, 3 space shuttle, 4 design, 5 there's

Everyday English

1 Cross my heart, 2 don't just stand there, 3 a matter of life and death, 4 I might have known

❽ ***Lösung:*** 1 on, 2 up, 3 off, 4 out, 5 into, 6 from

❾ ***Lösung:*** 2, 4, 5, 1, 3

❿ ***Lösung:*** 2, 3, 5, 1, 6, 4

⓫ ***Lösung:*** 1 going out, 2 hanging around, 3 hanging around, 4 find out, 5 get on with, 6 sort out

Zusätzliche Vorschläge

zur Interessensdifferenzierung und für die Arbeit in leistungsstärkeren Gruppen:

❶ Creative task: nach SB S. 100/101, ❼

Activity A (mittel).

Read the first part of the story *The Price* again. Emily's mother felt a little bit scared when she looked at her daughter's paintings. That evening, she writes in her diary about

- her daughter's paintings and the scenes shown in them
- her daughter's answer when she asked her where her ideas came from
- her feelings when she looked at these paintings.

Write her diary entry of about 140 – 160 words.

Activity B (anspruchsvoller).

Inspired by his daughter's paintings, Emily's dad has just finished the script for a new science fiction series called *Alien Worlds*. A famous Hollywood actor is going to be in it.

Write the first episode (about 200 words) of *Alien Worlds*. Consider the following:

- Where and when does the story take place?
- Who are the main characters in the series?
- Who is the villain?
- Write about a problem / a conflict these characters have to solve. What could it be?

❷ How things work – experiments in Physics

Ausgehend von dem Text auf Seite 99 im *Student's Book* könnten einige fächerübergreifende Stunden mit Physik geplant werden. In diesen Stunden werden Versuche durchgeführt; die Arbeitssprache im Unterricht ist Englisch. Bereiten Sie Arbeitsblätter mit dem benötigten Vokabular vor. Fordern Sie die Schüler/innen auch auf, die Experimente auf Englisch zu beschreiben und zusammenzufassen.

❸ Films about space

Im Unterricht könnte ein Filmausschnitt zum Thema der Unit gezeigt werden. Wählen Sie eine spannende Sequenz aus. Stoppen Sie den Film/die Serie dann und fordern Sie die Schüler/innen auf, die Szene zu Ende zu erzählen. Diese Übung kann auch schriftlich durchgeführt werden. Hier eine Liste mit Vorschlägen:

2001: A Space Odyssey (1968)
Close Encounters Of The Third Kind (1977)
E.T.: The Extra-Terrestrial (1982)
Apollo 13 (1995)
Armageddon (1998)
Deep Impact (1998)
Independence Day (1996)
Space Cowboys (2000)
The *Star Trek* TV series (1966–1969) and films
Star Wars films
Stargate (1994) and later *Stargate* films *The Ark of Truth*, *Stargate Continuum* (beide 2008)
Stargate SG1 TV series (1995–2004)
Stargate Atlantis TV series (2004–2008)
Stargate Universe TV series (2009)

UNIT 14 A school mag

Sprachliche Schwerpunkte:
Artikel einer Schülerzeitung besprechen und analysieren
Über Freizeitaktivitäten sprechen
Eine eigene Zeitung erstellen
DVD: *The Mag 9: Here's to us!*

Grammar:
Prefixes, suffixes

Vorschläge zur Wiederholung:
Phrasal verbs (Unit 13), The Mag 8 (Unit 13)

Student's Book

1 a Talk in groups. Use the prompts in the speech bubbles to answer the question in blue.

Die Schüler/innen diskutieren die Frage in Kleingruppen. Die Redestrukturen in den Sprechblasen sollten dabei unbedingt verwendet werden.

b Read the letter from the editor. What summer activities does she mention?

Dann wird das Editorial gelesen. Fragen Sie nach den im Text genannten Sommeraktivitäten. Fordern Sie die Schüler/innen dann auf, diese Liste zu ergänzen: *What else are you planning to do this summer?*

Lösung: lying on the beach, climbing, scuba-diving

Worksheet 1 ★ ■ nach 1

2 Imagine your perfect festival. Which five artists/bands would play? Read the text below quickly and find the names of five artists/bands who played at the Guilfest.

In einem kurzen Brainstorming nennen die Schüler/innen ihre Lieblingsbands bzw. -künstler/innen, die auftreten würden. Dann wird der Text gelesen und die gesuchten Informationen kurz verglichen.

Lösung: Morning Runner, Nizlopi, Gary Numan, Big Wednesday, Billy Idol

3 Read the text below again and answer the following questions.

Der Text wird nun nochmals gelesen. Die Antworten auf die Fragen können auch schriftlich festgehalten werden. Fordern Sie die Schüler/innen auf, die eigenen Antworten mit jenen der Nachbarin/des Nachbarn zu vergleichen.

Lösung:
1 The festival lasts three days.
2 Olivia went with her elder brother Daniel.
3 She got autographs from Nizlopi and from Gary Numan.
4 They stayed at a campsite.
5 If you get tired of listening to the bands, you can go to the Guildford outdoor swimming pool or visit the theatre tent.
6 The festival is held in Stoke Park.

4 Read the text. What do these numbers refer to?

Fragen Sie einleitend, ob sich jemand in der Klasse für Tennis interessiert und schon ein (großes) Turnier besucht hat und lassen Sie sie/ihn über die eigenen Erfahrungen berichten. Dann lesen die Schüler/innen den Text im Buch. Fordern Sie sie auf, die Bedeutung der Nummern im Buch zu erklären.

Lösung:
a About 400 boys and girls apply to become a BBG every year.
b In some serves, the ball can reach speeds of more than 160 km/h.
c The ticket for a match costs about £1,500.
d You must be at least 14 years old to apply to become a BBG.

5 In which paragraphs does James talk about these things? Write numbers in the boxes.

Die Schüler/innen lesen den Text noch einmal durch und suchen nach den richtigen Absätzen. Vergleichen Sie dann die Lösung.

Lösung:
linke Spalte: 5, 1, 2, 1 rechte Spalte: 2, 4, 3, 3

Worksheet 2 ■ nach 5

6 Which of these does Nayana not talk about?

Fragen Sie einleitend, ob die Schüler/innen über Feste und Rituale in Indien Bescheid wissen und besprechen Sie eventuell vorhandenes Vorwissen in der Klasse. Geben Sie den Schülerinnen und Schülern dann etwas Zeit, den Text zu lesen. Besprechen Sie die richtige Lösung.

Lösung: Sentence 2

7 Match the sentence halves.

Die Schüler/innen verbinden nun die Sätze, die die wesentlichen Informationen des Textes zusammenfassen. Fragen Sie auch, ob die Schüler/innen interessiert wären, nach Indien zu reisen, um an einer der Festivitäten teilzunehmen (*Mangani Festival, festival where people walk over red hot coals*) und lassen Sie die Schüler/innen ihre Meinungen begründen.

Lösung: 2, 8, 5, 7, 1, 4, 6, 3

8 Work in groups. Choose a month that you want to write about. Look at the texts from FLY HIGH in this unit again. Brainstorm possible topics, e.g.:

Die Schüler/innen finden sich in Gruppen zusammen (ca. 4 pro Gruppe). Dann wird über einen Namen für die Zeitung und einen Monat beraten. Die im Buch angeführten Punkte dienen als Anregung; wichtig ist es, dass die Schüler/innen die Themen nach ihren Interessen wählen. Dann kann eine Redaktion eingerichtet werden. Es wird festgelegt, wer als Herausgeber/in fungiert und wer für Musik/Sport/Nachrichten aus aller Welt (etc.) zuständig ist.

Use the Internet, your school library, magazines and books to find information. Then write an article for your magazine (200 words). Make sure you download attractive pictures from the Internet.

Die Schüler/innen recherchieren nun zu ihren Themen und wählen auch Bilder zur Illustration aus.

In your text, include the following:... Remember, each time you change the focus of your text, you should start a new paragraph.

Besprechen Sie die Leitfragen im Buch gemeinsam in der Klasse. Weisen Sie darauf hin, dass die Artikel die Leser/innen ansprechen und gut strukturiert sein sollen.
Die Zeitung könnte auch mithilfe eines Zeitschriftenprogramms am Computer erstellt werden, das ein professionelles Layout ermöglicht. Die Schüler/innen präsentieren abschließend ihr Werk. Kopieren/Drucken Sie für jede Schülerin/jeden Schüler der Gruppe ein Exemplar.

9 Work with a partner. Look at the picture and think of a story that goes with it.

Die Schüler/innen arbeiten zu zweit und erfinden zu dem Bild eine Geschichte und einen passenden Titel. Lassen Sie sie abschließend mehrere Versionen im Plenum erzählen.

10 Listen to the story. Then write a summary of the story in no more than 150 words.

Spielen Sie die Geschichte zwei Mal vor und stoppen Sie sie beim zweiten Anhören mehrmals ab, um den Schülerinnen und Schülern Gelegenheit zu geben, Notizen für ihre Zusammenfassung aufzuschreiben. Dann schreiben die Schüler/innen eine Zusammenfassung, die nicht länger als 150 Wörter sein darf.

11 What emotions do you think Emma felt at these different points in the story? Explain your reasons.

Machen Sie zuerst ein kurzes Brainstorming, bei dem Sie die Assoziationen der Schüler/innen an der Tafel notieren. Dann besprechen die Schüler/innen die acht Sätze im Buch zu zweit (wie im ersten Beispiel im *Student's Book* vorgegeben).

The Mag 9: Here's to us!

1 Watch the story. Write one word to complete the sentences.

Spielen Sie die Episode vor. Dann wird das jeweils fehlende Wort eingesetzt.

Lösung: 1 farm, 2 paper, 3 summer, 4 Mag, 5 fashion, 6 Liam

2 Answer the questions.

Spielen Sie die Episode eventuell noch einmal vor. Dann notieren die Schüler/innen Stichworte zu den Fragen im Buch. Fordern Sie sie abschließend auf, die Antworten zur Kontrolle mündlich auszuformulieren.

Lösung:

1
a He's going to help out at his uncle's farm in Ireland.
b Nick's going to help out the local photographer.
c Lucy's going to work for *The Daily Herald* in summer.

2
a Liam has set up a business with Nick doing nature and animal photography.
b Nick is in business with Liam.
c Lucy is a famous journalist and the editor of a fashion magazine in London.

3 Say the missing words. Practise the dialogues.

Die Schüler/innen setzen die fehlenden Sätze ein. Abschließend werden die Szenen in der Klasse von den Schülerinnen und Schülern vorgespielt und so die Lösung verglichen.

Lösung:
1 Let me guess 2 Lucky you! 3 Here's to us.
4 Better late than never.

Worksheet 3 ■ ★ nach Grammar

Worksheet 4 ■ ★ nach Grammar

12 Listen and mark the stress in the words.

Besprechen Sie, bevor Sie den Text vorspielen, die Grammatik der Unit. Testen Sie das Vorwissen der Schüler/innen, indem Sie einige Adjektiva an der Tafel notieren und die Schüler/innen diese durch das Hinzufügen von Vorsilben in ihr Gegenteil umwandeln lassen. Besprechen Sie dann die Informationen in der Grammar box im Buch (S. 113). Spielen Sie dann die Wörter vor. Die Schüler/innen unterstreichen dabei die betonten Silben.

13 Listen again and repeat.

Spielen Sie die Wörter noch einmal vor; die Schüler/innen üben dann zu zweit und sprechen sie mit der richtigen Intonation nach.

More Fun with Fido

Der Cartoon passt zu der ersten Frage der Unit: *What's so great about July?* Verweisen Sie auf Fidos Pläne auf S. 113, nachdem die Schüler/innen die erste Übung erledigt haben.

Workbook

❶ ***Lösung:*** 1 spacecraft, 2 commercial, 3 height, 4 extreme, 5 tons, 6 journey, 7 technology, 8 engine, 9 orbit, 10 take, 11 guarantee

❷ ***Lösung:*** 1 out, 2 on, 3 up, 4 from, 5 out, 6 up, 7 off, 8 off, 9 out, 10 down

❸ ***Lösung:*** 1 choice, 2 nothing better, 3 edition, 4 topic, 5 apply, 6 tough, 7 tournament, 8 keen on

❹ ***Lösung:*** 5, 1, 3, 7, 8, 2, 4, 6

❺ ***Lösung:*** c

❻ ***Lösung:*** b

❼ ***Lösung:*** F, T, T, T, F, F, F, T

❽ ***Lösung:*** 1 marathon, 2 chasing, 3 lasts, 4 square, 5 protect, 6 ring, 7 hide, 8 balcony

❾ ***Lösung:*** c

Everyday English

1 Let me guess 2 here's to us 3 Lucky you
4 Better late than never

⓫ ***Lösung:*** 1 incorrect, 2 impolite, 3 meaningless, 4 illegal, 5 impossible, 6 unfair, 7 unfriendly, 8 unsuccessful

⓬ ***Lösung:*** 1 unfriendly, 2 disagree, 3 misunderstanding, 4 impossible, 5 unsuccessful, 6 unfair, 7 meaningless, 8 illegal

Zusätzliche Vorschläge

zur Interessensdifferenzierung und für die Arbeit in leistungsstärkeren Gruppen:

❶ **Creative task: nach SB S. 111, ❿**

Activity A (mittel).

Read the ending of the story:

"Let's go back to the shop," Emma said. "Let's get something for Buddy." "Great, and another ice cream for me," Sarah said.

Now continue the story.
Consider the following:

- How does Emma feel?
- What happens next?
  Does she call the police?
  Does she phone her parents? Or does she take her sister to her friend's place?

Continue the story in about 120 – 160 words.

Activity B (mittel).

Read what happened next:

Emma doesn't tell her parents about the man who got into their car. She took her sister to her friend's place and returned home safely with Buddy, the dog. Her parents were really proud of her. The next day, she wanted to spend the day at the lake with her best friend Jenny. They wanted to go swimming and maybe go for a boat ride, too. She asked her dad if she could borrow the car again and he said yes. But again, things went a bit wrong on the trip to the lake …

When Emma is back home after her trip to the lake in the evening, she writes about her exciting day in her diary. What could have happened this time? Make up another adventure she writes about in 140 – 180 words.

❷ **Creating a Yearbook**

Gestalten Sie mit Ihrer Klasse ein *Yearbook*. Besprechen Sie in einer Redaktionssitzung die Aufgaben in der Klasse und legen Sie gemeinsam fest, welche Abschnitte das *Yearbook* beinhalten soll: Es könnten Steckbriefe zu den einzelnen Schülerinnen und Schülern (+ Fotos) sowie Kommentare der Mitschüler/innen verfasst werden; ebenso kann das letzte Schuljahr Thema des Jahrbuchs sein, z. B.: *special days at school, the funniest day at school, excursions,* etc. Planen Sie genügend Zeit am Ende des Schuljahres zur Durchführung dieses Projekts ein. Kopieren Sie als Erinnerung an das Schuljahr für alle Schüler/innen ein Exemplar.
Alternativ dazu könnte ein Buch über die gesamte Unterstufe gestaltet werden, in dem die Schüler/innen noch einmal besondere Momente der letzten vier Jahre Revue passieren lassen.

❸ **English teen magazines**

Analysieren Sie englischsprachige Zeitschriften und bringen Sie mehrere Exemplare, u.a. verschiedene Zeitschriften für Jugendliche, in den Unterricht mit. Worüber berichten Teen-Zeitschriften, welche Themen werden vor den Sommerferien gebracht? Teilen Sie die Klasse in mehrere Gruppen ein und lassen Sie die jeweiligen Exemplare von Gruppe zu Gruppe gehen. Dann wird besprochen, welche Ausgabe den Schülerinnen und Schülern gut gefällt; jede Gruppe begründet ihre Meinung. Die Zeitschriften sollen als Anregung für die eigene Portfolio-Arbeit der Unit dienen.

Progress Check Units 12–14

Ein letztes Mal haben die Schüler/innen die Möglichkeit, ihren Lernfortschritt im Progress Check selbst zu testen und zu evaluieren. Spielen Sie den Hörtext zwei Mal vor; lassen Sie die Schüler/innen dann die restlichen Übungen in ihrem eigenen Arbeitstempo erledigen. Vergleichen Sie die Ergebnisse und fordern Sie die Schüler/innen auf, ihre Antworten selbst auszubessern und zu bewerten. Besprechen Sie dann kurz das Abschneiden der Schüler/innen. Das Ergebnis gibt genauen Aufschluss über die Stärken und Schwächen der Schüler/innen. Es ist für sie ein Hinweis, wo sie verstärkt üben sollten, um eventuelle Defizite auszugleichen.

Listening
Listen to Laura and Martin talking about Plan 9 From Outer Space. Tick the statements T (*True*) or F (*False*).

Lösung: F, T, F, F, T, F, T, F

Reading
Read the book review. Then choose the correct answers to the questions after it.

Lösung: 1a, 2c, 3c, 4b, 5c

Grammar
Circle the correct option.

Lösung: 1 myself, 2 fallen in love, 3 ourselves, 4 sort it out, 5 meaningless, 6 impolite, 7 yourself, 8 putting me down, 9 disagrees, 10 myself

Vocabulary
Complete the sentences with the correct words. There are two you won't use.

Lösung: 1 magazine, 2 dictionary, 3 spacecraft, 4 biography, 5 play, 6 prayed, 7 astronaut, 8 scared, 9 tournament, 10 festival

EXTRA UNIT **Benjamin Zephaniah "Talking Turkeys"**

Hinweis: Es empfiehlt sich, die Unit in Verbindung mit Unit 12 (*Ready for reading*), mit dem CLIL-Abschnitt *Early US history* oder in der Vorweihnachtszeit (nach Unit 6) einzusetzen.

Student's Book

❶ Read the text and answer the questions that follow it.

Geben Sie den Schülerinnen und Schülern etwas Zeit, die Informationen zu lesen. Dann notieren die Schüler/innen Stichwörter zu den Fragen im Buch. Die Antworten werden dann gemeinsam in der Klasse verglichen.

Lösung:
1 He's ... years old.
2 His parents were from Jamaica.
3 He spent two years in prison for fighting.
4 He met Nelson Mandela.
5 He feels strongly about being a vegan, about supporting animal rights, and the anti-racist organisation he belongs to.
6 His first book of poetry for kids was *Talking Turkeys*.

❷ Look at the photos. Wich one is Zephaniah happy to see, do you think? Which one is he not happy to see? Why?

Es kann von den Informationen in dem Text in ❶ abgeleitet werden, dass sich Benjamin Zephaniah für das erste Bild links entscheiden würde. Fordern Sie die Schüler/innen auf, ihre Meinung zu begründen.

❸ Listen to and watch Benjamin Zephaniah reading *Talking Turkeys*. Tick what the poem is about.

Spielen Sie den Text vor. Die Schüler/innen sollen beim ersten Anhören/Ansehen v.a. auf die Grundaussage des Gedichts achten. Besprechen Sie dann das Merkkästchen im Buch, das auf einige Merkmale von jamaikanischem Englisch eingeht. Die Schüler/innen kreuzen dann die richtige Antwort an. Es kann auch noch ergänzt werden, dass Truthähne in Großbritannien traditionellerweise zu Weihnachten serviert werden; in den Vereinigten Staaten ist Truthahn das typische Thanksgiving-Essen.

Lösung: 3

❹ Listen and watch again. Read the poem at the same time. Which line (or part of a line) in the poem says these things?

Spielen Sie das Gedicht noch einmal vor. Dann wird das Gedicht, das auf der folgenden Seite (S. 118) im Buch abgedruckt ist, von den Schülerinnen und Schülern im Detail analysiert. Vergleichen Sie die Ergebnisse wieder in der Klasse.

Lösung:
1: line 10 2: line 13 3: line 16 4: line 21 5: line 24 6: lines 32, 33 7: line 34 8: line 36 9: line 40 10: line 41

❺ Find these words in the poem and match them with the definitions. The number in brackets tells you which paragraph to look in.

Die Schüler/innen unterstreichen zuerst die Wörter im Gedicht. Dann werden die Definitionen dazu gefunden und in den jeweiligen Kästchen eingetragen. Vergleichen Sie wieder die Lösung in der Klasse.

Lösung: f, a, h, b, c, d, e, g

❻ Listen to and watch the teenagers talking about why they like reading.

a Take notes about the main idea each of them expresses.

b Match these statements with the person who said them.

Spielen Sie den Text vor. Die Schüler/innen machen sich Notizen und ordnen die Aussagen den richtigen Personen zu. Diese wird dann mit der Nachbarin/dem Nachbarn auf Richtigkeit verglichen.

Lösung:
3 Stephen
2 Claudia
1 Deirdre
ø Monique (not in the Student's Book)
ø Marianne (not in the Student's Book)
4 Maria
1 Deirdre
ø Hazel (not in the Student's Book)

❼ Which statements in ❻ are true for you, too?

Die Schüler/innen arbeiten zu zweit und diskutieren, welche Motivationen zu lesen auf sie persönlich zutreffen. Es können dann auch weitere Argumente ergänzt werden. Fordern Sie abschließend einige Schüler/innen auf, ihre Ansichten in der Klasse zu begründen.

❽ Work in pairs. How do you think your partner would finish these sentences? Write the endings and then check with your partner.

Es geht nun darum, sich in die Gesprächspartnerin/den Gesprächspartner hineinzuversetzen. Geben Sie den Schülerinnen und Schülern genügend Zeit, die Sätze zu vervollständigen. Dann werden die Bücher ausgetauscht. Die Schüler/innen besprechen die Sätze und diskutieren v.a. unterschiedliche Sichtweisen.

CLIL

(Content and Language Integrated Learning)

Der CLIL-Abschnitt (Content and language integrated learning) befindet sich am Ende des *Student's Book* und bietet vier unterschiedliche Kapitel, in denen Themengebiete aus anderen Gegenständen für den fächerübergreifenden Unterricht auf Englisch aufbereitet sind. Die CLIL-Einheiten können flexibel im Unterricht eingesetzt werden. Beziehen Sie eventuell die Fachkolleginnen und -kollegen, die die jeweiligen Gegenstände unterrichten, in die Unterrichtsplanung mit ein.

Die CLIL-Units eignen sich ideal zur zusätzlichen Interessens- und Leistungsdifferenzierung in der Klasse und bieten den Schülerinnen und Schülern die Möglichkeit, die neuen Themen gemeinsam zu erarbeiten. Die *mini-projects*, die Bestandteil jeder CLIL-Einheit sind, können von den Schülerinnen und Schülern zu zweit oder in Kleingruppen vorbereitet werden. Die Ergebnisse der Recherchen der Schüler/innen sollten unbedingt im Plenum präsentiert werden, um der gesamten Klasse einen möglichst breitgefächerten Überblick der Resultate zu vermitteln.

Die vier Themengebiete:

HISTORY: Early US history

SCIENCE: Glaciers

BIOLOGY: That nasty flu!

GEOGRAPHY: The city of Vancouver

Der Einsatz der CLIL-Abschnitte bietet sich in Verbindung mit den folgenden Units an:

HISTORY: Early US history → Unit 4

SCIENCE: Glaciers → Unit 11

BIOLOGY: That nasty flu! → Unit 9

GEOGRAPHY: The city of Vancouver → Unit 4, Unit 8

Early US history

VOCABULARY

autumn	/'ɔ:təm/	Herbst
belief	/bɪ'li:f/	Glaube
celebrate	/'seləbreɪt/	feiern
colony	/'kɒləni/	Kolonie
consider	/kən'sɪdə/	betrachten
corn	/kɔ:n/	Mais
harvest	/'hɑ:vəst/	Ernte
illustrate	/'ɪləstreɪt/	illustrieren
independent	/ɪndɪ'pendənt/	unabhängig
merchant	/'mɜ:tʃənt/	Kaufmann
national holiday	/'nøʃənl 'hɒlədeɪ/	Nationalfeiertag
New World	/'nju: 'wɜ:ld/	Neue Welt
Pilgrim	/'pɪlgrɪm/	Pilger
sugar	/'ʃʊgə/	Zucker
taxes	/'tøksɪz/	Steuern

❶ ***Lösung:***

a They came from England.
b They did not have enough food.
c Thanksgiving is celebrated on the fourth Thursday in November every year.
d They found the turkey.

❷ ***Lösung:***

a4, b5, c1, d2, e3

Glaciers

VOCABULARY

Alps	/ølps/	Alpen
carved out	/'kɑ:vd aʊt/	ausgehauen
compress	/kəm'pres/	komprimieren
flow	/fləʊ/	fließen
glacier	/'gløsɪə, 'gleɪʃə/	Gletscher
hiker	/'haɪkə/	Wanderer
mass	/møs/	Masse
landscape	/'løndskeɪp/	Landschaft
major	/'meɪdʒə/	wichtig
provide	/prə'vaɪd/	liefern
resources	/rɪ'zɔ:s/	Reserven, Ressourcen
shrink	/ʃrɪŋk/	schrumpfen
tiny	/'taɪni/	winzig
weight	/weɪt/	Gewicht

❶ ***Lösung:***

1 smaller 2 rivers 3 80 km 4 10% 5 75%
6 4,000 7 Alaska 8 all

That nasty flu

VOCABULARY

breathe in	/'bri:ð ɪn/	einatmen
cause	/kɔ:z/	verursachen
chicken pox	/'tʃɪkɪn pɒks/	Windpocken
cough	/kɒf/	husten
fall ill	/fɔ:l 'ɪl/	erkranken
fever	/'fi:və/	Fieber
flu	/flu:/	Grippe
flu shot	/'flu: ʃɒt/	Grippeimpfung
fruit juice	/'fru:t dʒu:s/	Obstsaft
handkerchief	/'hønkətʃɪf/	Taschentuch
harbor	/'hɑ:bə/	Hafen
immune system	/ɪ'mju:n 'sɪstəm/	Immunsystem
infect	/ɪn'fekt/	infizieren
inhabitant	/ɪn'høbɪtənt/	Einwohner
measles	/'mi:zlz/	Masern
medication	/medɪ'keɪʃən/	Medikamente
miserable	/'mɪzrəbl/	miserabel, elend
multiply	/'mʌltɪplaɪ/	sich vermehren
mumps	/mʌmps/	Mumps
nearby	/'nɪəbaɪ/	nahe gelegen
occur	/ə'kɜ:/	sich ereignen, vorkommen
outbreak	/'aʊtbreɪk/	Ausbruch
pandemic	/pøn'demɪk/	Pandemie
pneumonia	/njʊ'məʊnɪə/	Lungenentzündung
recent	/'ri:sənt/	letzter, -e, -es
season	/'si:zən/	Saison
spike	/spaɪk/	Stachel, Dorn
spray	/spreɪ/	sprühen
spread	/spred/	sich ausbreiten, verbreiten
swine flu	/swaɪn/	Schweinegrippe
tiny	/'taɪni/	winzig

The city of Vancouver

VOCABULARY

Chinese	/tʃaɪ'ni:z/	Chinese, chinesisch
current	/'kʌrənt/	Strömung
due to	/'dju: tə/	wegen
ethnic mix	/'eθnɪk 'mɪks/	ethnische Mischung
host	/həʊst/	ausrichten
geographical feature	/'dʒɪə'grøfɪkəl 'fi:tʃə/	geografisches Merkmal
illustrate	/'ɪləstreɪt/	illustrieren
in contrast	/ɪn 'kɒntrɑ:st/	im Gegensatz
location	/ləʊ'keɪʃən/	Lage, Standort
Mandarin Chinese	/'møndərɪn/	Hochchinesisch
measurable	/'meʒərəbl/	messbar
minority	/maɪ'nɒrɪti/	Minderheit
moderate	/'mɒdərət/	mild, gemäßigt
nearby	/'nɪəbaɪ/	nahe gelegen
notable	/'nəʊtəbl/	bedeutend
percentage	/pə'sentɪdʒ/	Prozentsatz
population	/pɒpjʊ'leɪʃən/	Bevölkerung
quality of life	/'kwɒləti əv 'laɪf/	Lebensqualität
receive	/rɪ'si:v/	bekommen
resident	/'rezɪdənt/	Bewohner, Einwohner
significant	/sɪg'nɪfɪkənt/	bedeutsam
such as	/'sʌtʃ 'øz/	wie
temperate	/'tempərət/	gemäßigt
Vancouver	/vøŋ'ku:və/	
Vietnamese	/vjetnə'mi:z/	vietnamesisch

❶ ***Lösung:***

a yes
b Ottawa
c Toronto
d the maple leaf

❸ ***Lösung:***

1 a, 2 c, 3 a, 4 b

Meet the Standards (Workbook)

Listening

Part 1: *(short texts)*

Lösung: 1D, 2C, 3C, 4B, 5B

Part 2: *(longer text)*

6B, 7C, 8A, 9D, 10A

Reading

Part 1: *(short texts)*

1D, 2A, 3A, 4D, 5A

Part 2: *(longer text)*

6C, 7C, 8A, 9D, 10A

Tapescript

(Listening texts and activities. It does not include the texts printed in the Student's Book.)

CD 1

UNIT 1

Track 1

Page 6, 1. Listen and check.

Sentence number one is false. The capital of the Republic of Ireland is Dublin. It's a very modern city with more than one and a half million people living in the greater Dublin area.

Sentence number two is true. There are about four million people in the Republic and the population is growing fast because many people come to work in Ireland from other countries of the EU.

Sentence number three is true. All the signs in Ireland are in the two languages.

Sentence number four is false. Only about 100,000 people are fluent speakers of Irish. Irish is a language that is totally different from English, and it is now also one of the official languages of the EU. Children have to learn Irish at primary school, but it is not spoken in many families. There are also TV programmes in Irish.

Sentence number five is true. Most speakers of Irish live in the west of Ireland.

Sentence number six is false. The Republic of Ireland became a member of the European Union in 1973.

Sentence number seven is false. The Republic of Ireland uses the euro.

Sentence number eight is false. The Republic is, of course, not part of the United Kingdom. It is an independent state.

Sentence number nine is true. Ireland is an important exporter of computer software. Some of the world's leading software producers have factories in Ireland.

Sentence number ten is true. Northern Ireland is not part of the Republic of Ireland, it is part of the United Kingdom.

Sentence number eleven is false. The capital of Northern Ireland is Belfast.

Sentence number twelve is true. More than 90% of the people in the Republic are Catholics.

Track 2

Page 8, 4. Sounds right. Listen to the dialogue. Pay attention to the underlined parts. Then listen and repeat.

Track 3

Page 8, 6. Listen to the interview.

Interviewer I'm doing interviews on foreigners in Dublin. Can I ask you some questions?

Anna Sure, go ahead.

Interviewer Can you tell me your name and where you're from?

Anna I'm Anna and I'm from Denmark.

Interviewer What are you doing here in Dublin? Are you a tourist?

Anna No, I'm not. I'm an au pair. I'm looking after two small children.

Interviewer What are your reasons for coming to Dublin?

Anna Dublin's the place to be. It's cool and I want to improve my English.

Interviewer Come on, your English is excellent.

Anna Thank you. But I still have to learn a lot.

Interviewer Anna, can you tell me what you like about Dublin?

Anna The people. I like the Irish. Most people are very friendly and relaxed. And it's easy to make friends. And there's a lot going on. Concerts and stuff.

Interviewer Is there anything you don't like?

Anna Yeah, public transport. There's no underground. It sometimes takes quite a while to get from A to B on a bus with all the traffic.

Interviewer What about LUAS, the new tram system?

Anna It's OK, but there are only two lines.

Interviewer What's your favourite place in Dublin, the place you like best?

Anna Phoenix Park. It's wonderful to have a picnic there when the weather's nice.

Interviewer Do you like the zoo in Phoenix park?

Anna It's OK, but it's a bit on the small side, isn't it?

Interviewer Yeah, that's true. What do you think about the weather in Dublin?

Anna It's not much better in Denmark. It's a good idea to take your jacket with you. Always.

Interviewer Thanks for the interview, Anna.

Anna That's alright.

Track 4

Page 10, 11. Read and listen to the story.

Track 5

Page 11, 13. Listen and take notes.

Teacher Today we're going to Glendalough, one of the famous sights in Ireland. Glendalough means valley of the two lakes.

Boy 1 Can we swim there?

Teacher You can, but the water's pretty cold.

Boy 2 Can we ride jet skis?

Teacher Sorry Harry, but it's a national park, jet skis aren't allowed.

Boy 2 How boring.

Teacher You might see wild goats and interesting birds.

Boy 3 Irish girls in school uniforms? Frightening.

Boy 4 What about grub?

Teacher I'd be happier if you spoke proper English, Stephen.

Boy 4 Sorry sir, what about grub, I mean food?

Teacher Well, there's a small shop at the upper lake where you can buy food. The coach will park at the information centre and then we'll walk up to the upper lake.

Boy 3 Is it far to walk?

Teacher No, about half an hour.

Boy 3 Sir, can't the coach take us to the lake?

Teacher No, because on the way we'll look at the place where the famous Saint Kevin and the monks lived in the 6th century.

Boy 2 The 6th century before or after Christ?

Teacher John, I think I'll throw you in the famous bell tower and keep you there.

Boy 2 Just kidding, sir. Sorry. What's so interesting about the bell tower?

Teacher It was an ideal hiding place for the monks when they were attacked. The door is several metres above the ground. You need a ladder to get up there. When the monks climbed up, they pulled the ladder up, and they were safe! There's one other thing …

Track 6

Page 11, 14. Listen to the song *Will you remember?* by *The Cranberries*.

Track 7

Page 11, 14. Song playback.

UNIT 2

Track 8

Page 16, 4. Listen.

Scene 4.

Fell So, Mr Ford. Forty years in the same company in the same job? Why have you stayed here so long?

Ford I like it here. I like the family. I was a friend of John Murdoch and I was a friend of his father, too.

Fell I see. So that explains why you were at the party.

Ford I don't understand.

Fell Well, Mr Ford, the party was for the top people in the company. The project manager, the sales manager, the top computer expert. So why were you here and why weren't the other clerks here?

Ford Well, I'm an old friend of the family.

Jenkins Maybe you can tell us what happened at the party?

Ford It wasn't really a party, it was a little celebration. Business was good last year, so we were all happy. Then Mr Murdoch went to his office to call his wife.

Fell How do you know that?

Ford He told me.

Jenkins Did anybody else leave the room?

Ford We all did at some time. Oliver went to get some more drinks. Isabel went to the ladies' room, I believe. And Charles asked me for some papers, so I went to get them from my office …

Jenkins Have you got those papers?

Ford I'm not sure what happened to them. I think they got lost in all the confusion.

Fell And what about Charles Dunning? You said everyone had left the room.

Ford Well, when Mr Murdoch didn't come back, Charles went to look for him. He came back right away and said that the office was locked. So we all looked around a bit, but we couldn't find Mr Murdoch. Then I said: 'Something's wrong – I think he's still in his office'. There's a sort of small coloured window in the door. You can't really see anything but Miss Miller thought she saw something on the floor and she said let's break the glass. I didn't want to, but she simply went ahead and broke it. I opened the door and we found the body. Someone had killed poor John.

Jenkins So you called the police?

Ford Yes, we did.

Fell Mr Ford. Did you notice anything strange about the others at any time?

Ford No. I didn't. I mean everyone seemed really upset.

Fell And what about you? What are you going to do now?

Ford Well, I was going to stop work next year but now that Oliver Wilson is the new boss, I think I'll retire.

Fell So Oliver's going to take over the company?

Ford I guess so. John didn't have any children. Oliver's his closest relative.

Fell And you don't like Oliver?

Ford Not really. He thinks I'm too old and I think he's too young. It's as simple as that.

Fell And will you have enough money for your old age, Mr Ford?

Ford Of course I will. I'm only a clerk, Inspector, but John Murdoch paid me well. As I said, we were good friends.

Fell Thank you, Mr Ford. That's all for now.

Scene 5.

Fell So, Oliver Wilson. I understand you are now the owner of Murdoch Computers. Congratulations

Wilson Thank you – but I didn't kill my uncle.

Fell Nobody said you did. So, what can you tell me about the evening?

Wilson Well, it was just a small party. My uncle and some of his top people.

Fell Including Jasper Ford?

Wilson Well, I don't know why he was there. He probably invited himself. He thinks he's a good friend of the family, but he was going to lose his job. I know my uncle was going to ask him to leave in the new year. Jasper Ford is too old.

Fell Interesting, but you were telling me about the party.

Wilson Right. Well, we were having a few drinks. At some point my uncle went to phone his wife. And I went to get a few more drinks. He was gone for a long time so Charles went to look for him.

Jenkins Did anyone else leave the room while your uncle was away?

Wilson Yes, Jasper Ford disappeared for a few minutes.

Fell Why?

Wilson I'm not sure.

Fell And Isabel Miller?

Wilson I think she was in the room the whole time.

Fell So Charles went to look for your uncle. What happened next?

Wilson Well, we all went up to the office. The door was locked, but Isabel broke the window in the door and unlocked the door from the inside.

Fell The key was in the lock on the *inside* of the room?

Wilson Yes. That's the strange thing.
Fell Thank you Mr Wilson. Jenkins, let's speak outside.
Jenkins What is it sir?
Fell Jenkins, this is very interesting. What we have here is a classic 'locked room' mystery!

Track 9

Page 16, 6. Listen and tick.
Scene 6.

Fell As I was saying, Jenkins, this is very interesting. What we have here is a classic 'locked room' mystery.
Jenkins Excuse me sir – a 'locked-room' mystery?
Fell Yes, Jenkins, it's one of the hardest crimes of all to solve.
Jenkins Really? Tell me more, sir.
Fell Alright, Jenkins. Listen and learn. The room was locked and the key was in the lock inside the room. So what we have here is the classic 'bow and arrow' theory. The killer hides in a building on the opposite side of the road and shoots Murdoch through the window with a bow and arrow.
Jenkins But there's no arrow in the body, sir.
Fell Exactly. And here's the clever part. The killer attaches a rope to the arrow and then pulls it back!
Jenkins But, sir. The window was closed.
Fell It's just a theory, Jenkins. But with a crime like this we have to consider everything.
Jenkins I see, sir. But tell me. Have you got any other ideas?
Fell Well, give me time to think …

Track 10

Page 17, 8. Listen to the two interviews and take notes.
Scene 7.

Fell Ah, Ms Miller, come in and have a seat. Are you feeling alright?
Miller Thank you, Inspector, yes. Of course, it was a shock to find John, I mean, Mr Murdoch, on the floor.
Fell And it was you who found the body, wasn't it?
Miller Well, it was I who opened the door. The door was locked, but when I put my hand through the glass window, I felt a key in the lock. So I turned the key and opened the door.
Fell Is that blood on your coat Ms Miller?
Miller Yes, it is. I cut myself when I broke the window.
Fell I'm sorry … you were saying?
Miller Yes, I opened the door and we found the body. Somebody had killed poor John!! It was terrible.
Fell Ms Miller. I have several reports that you left the party for about five minutes. What did you do during this time?
Miller I went to the restrooms. They're on the eighth floor.
Fell I see … and did you notice any of your colleagues acting strangely at the party?
Miller Not really. Everyone seemed happy and we were all having a good time until the body. <*starts crying*>
Fell Here, take my handkerchief. You can leave for now. I need to speak to Mr Dunning.
Miller Thank you Inspector.
Scene 8.
Fell Charles Henry Dunning. Head salesman.
Dunning That's me, Inspector.
Fell Are you in love with Ms Miller?
Dunning No, I'm not. We are colleagues. And besides I've got a girlfriend.
Fell Yes, I'm sure you have. Several I expect.
Dunning Now, that's not fair.
Fell Never mind. Mr Dunning, could you please explain what happened at the party?
Dunning Well, we were having a few drinks when Mr Murdoch left for his office. He said something about phoning his wife I think but he seemed a bit worried. It was about the same time that Jasper Ford left the room, too. He said that Mr Murdoch had asked him to get some papers for him.
Fell And did anyone else leave the room?
Dunning Yes, Oliver Wilson went to get some more drinks for everyone and Isabel went with him.
Fell Did they return together?
Dunning No, Isabel came back about five minutes later.
Fell And what about you?
Dunning Well, after about twenty minutes I started to get a bit worried about Mr Murdoch so I went to look for him. I found his room was locked so I went to get the others. I wanted to call the police but Isabel broke the window and opened the door. That's when we saw the body.
Jenkins Can I ask you something, Mr Dunning? What is that dark spot on your jacket?
Dunning That. Oh that's just a spot of red wine, but send it to your labs and analyse it if you don't believe me.
Fell I might just do that Mr Dunning. I might just do that. But for now you are free to go.
Ward Excuse me sir. We've found something in the wastepaper bin. I think you might be interested in it.
Fell Thank you, Ward. Excellent, this confirms my suspicions. Jenkins, call in the suspects.
Jenkins All of them?
Fell Yes, Jenkins, all of them.

Track 11

Page 17, 10. Listen to the ending of the story.
Inspector Fell presents the solution.

Fell Come in, everyone. Take a seat. This shouldn't take too long.
Wilson So have you solved the crime, Inspector? Have you discovered who the murderer is?
Fell Yes, I have, Mr Wilson. Yes, I have.
Dunning So who is it?
Fell I'll get to that in a minute, but first let me explain how I got to my conclusion. It wasn't easy. Your stories didn't help. Everyone said something different. But there was one thing you all agreed on.

Miller And what was that?

Fell That, Ms Miller, you were the one who broke the window in the door.

Miller So what? What does that mean?

Fell It means that only you can explain the mystery of the locked room. You see, I wasn't just trying to find out who killed Mr Murdoch, but how they left his body in a locked room.

Ford So how did he do it?

Fell The murderer killed Mr Murdoch and then left the room and locked it … from the outside!!

Dunning But how did the key get into the lock on the inside of the door?

Fell That's the big question. The only way the key got into the lock was when the person who broke the window put their hand through and put the key in the lock. She had hidden it in her hand. Isn't that right, Ms Miller?

Miller That doesn't prove anything. You need a motive and evidence.

Fell Quite right – and I have both. Mr Ford tried to hide the evidence. I'm talking about this letter. Mr Ford, we found it in the wastepaper bin.

Ford When we all were in the office, I saw the letter on the desk. The others didn't notice when I took it. I only wanted to protect Mr Murdoch and his good name. I didn't want the newspapers to get hold of it.

Fell Maybe, Mr Ford, but you still tried to stop the police getting to the truth. That's a serious crime. But … not as serious as blackmail and murder, Ms Miller! Let me read a little from the letter. "Isabel, why are you doing this to me? I can't leave my wife and I can't pay you the money you want to keep quiet. I beg you, please forget this business. If you don't, I'll have no choice but to go to the police and tell them."
Well, we've solved the crime, but we still haven't found the weapon. Do you want to tell us where you put it?

Miller It's in the dishwasher in the kitchen, Inspector.

Wilson But, Isabel … I still don't understand why you killed my uncle!

Miller He said that he loved me! But it wasn't true …

Fell Jenkins, take her away!

Track 12

Page 18, 13. Listen to the song *Tango at the Blue Bar.*

Track 13

Page 18, 13. Song playback.

Track 14

Page 18, 14. Sounds right. Listen and tick.

Track 15

Page 18, 15. Sounds right. Listen and repeat.

UNIT 3

Track 16

Page 24, 9. Listen to an interview with four teenagers.

Interviewer Jonathan, what do you think the difference is between boys and girls nowadays?

Jonathan I don't think there are so many differences. Well, there are some things. Girls do better at school, I think. Erm, they aren't interested in football, they watch different series on TV, they smoke more than boys. But I really don't see big differences.

Interviewer That's interesting. Helen?

Helen I'm not so sure. Girls spend a lot of time in groups talking about things. I think they're much better at solving problems. Do you agree, Samir?

Samir Well, I think boys don't have so many problems to solve. They don't make things complicated the way girls do, Helen.

Helen So what do you think, Samir? Why do boys get into fights more often than girls?

Samir Well, I don't. I do get angry sometimes, but I don't get into fights. When I'm angry I either talk to a friend or I listen to my music. Music helps me a lot. It helps me to relax.

Helen That's right. I think music is very important in youth culture these days. And friends.

Yazmine And shopping.

Helen Yes, Yazmine. I agree.

Interviewer Seriously – what about shopping? Helen?

Helen Well, I love shopping. Going from one shop to another. Looking at things. Trying clothes on. Stuff like that.

Interviewer I see. What about you, Jonathan?

Jonathan I don't think boys like shopping for clothes that much. My shopping is for CDs.

Samir If you've got the money, that is. Downloading stuff is easier and cheaper, of course. I can't buy a lot. I find it hard enough to have enough credit for my mobile.

Yazmine Yeah, that's true. I need my mobile a lot, too. And I run out of credit so quickly. Sometimes my mum gets really worried about the phone bills.

Interviewer So all in all, how's life for you?

Jonathan Basically OK. What do you think, Helen?

Helen If you think about all the poor countries and the countries with a war going on, I think we have the good life. We've got our own problems, of course, but I think most of us are OK, aren't we, Samir?

Samir That's true. And a young person can always

find older people who can help out. Parents, perhaps, or maybe a teacher.

Yazmine As long as I've got my friends, I think it's OK. However, you know there are quite a lot of lonely and depressed young people out there, too. But life can be hard for any age group, not only for young people.

Interviewer Yeah, that's right. OK, that's it. Thanks for talking to me.

Track 17

Page 27, 12. Sounds right. Listen and repeat.

UNIT 4

Track 18

Page 33, 10. Listen.

Teacher OK everyone. Quiet now please. Quiet – thanks. Calm down. OK. Hi, good morning. Now, today we're going to learn a bit more about the American Revolution and why it happened. OK? So today Helen is going to tell us about …

Girl The Boston Tea Party. Erm, I've done a poster with some important information and a few pictures, so that you can look at the same time as you listen.
Well, the first thing to say is that the Boston Tea Party wasn't a party at all!! The name is a kind of joke, OK? But the Tea Party was a very important bit of the history of how America became independent.
Now, I want to say a bit about Boston, because Boston was a very, very important place in America in the 1700s. It was an important port – you know, ships went in and out and took things in and out of America. And don't forget that in those days, America was still a colony of Britain, OK?
And, you see, in the 1700s, especially after about 1730, the government in Britain started to ask the Americans to pay money, taxes. And the Americans weren't happy about that. Not happy at all. So things weren't very good between Britain and America at that time. And it got worse because in 1770 there was a thing called the Boston Massacre.

Others What was that?

Girl It was when British soldiers – there were British soldiers there in Boston – erm, there was like a fight and the soldiers fired their guns and they killed five American men. So, you can imagine, the Americans weren't very happy with the British.
Anyway, the Boston Tea Party. Erm, yes – so, a lot of Americans weren't happy with the British, and in 1773 in Boston harbour there were three ships which had tea on them, they were delivering the tea for a big British company. And – erm this was in December, in fact it was the night of the sixteenth of December, the sixteenth of December 1773 – and some American men decided they wanted to go on the ships. The men called themselves 'The Sons of Liberty', and they …

Others <*interrupting*> How many men were there?

Girl How many? Erm, well, there were three groups of men and there were about fifty men in each group, and what they did, they dressed up to look like native Indians, and in the evening they went onto the three British ships and they took the big boxes of tea, and they started to throw all the tea into the water, into the sea. And the people of Boston watched them and cheered and waved – they thought it was great!

Others Helen? How many boxes of tea were there, do you know?

Girl Yes, it's here somewhere – oh yes, there were about 350 big boxes of tea, and it all went into the sea! Imagine – I mean, 350 boxes, that's a lot of tea, and of course the British company lost a lot of money. And the Americans said they wouldn't pay for the tea, so the British government was very angry with them. In fact, they closed Boston harbour.

Others <*interrupting*> So this thing, this Boston Tea Party, why was it so important?

Girl Well, you see, it was one of the first times that the Americans really said 'We don't want the British here, we don't want to pay taxes'. So it was one of the things – I mean, not the only thing, but one of the things – that got more Americans to think like that, they started to think about being independent.

Teacher Thanks, Helen – that was really interesting. And now we …

PROGRESS CHECK

Track 19

Page 36, Progress Check, Units 1-4. Listen and choose the correct answers.

Interviewer Do you like reading detective stories, Monica?

Girl Um, yes. In fact, a lot. I often start reading a book in the afternoon and I stay up late because I want to know how the crime is solved.

Interviewer What kind of crimes?

Girl Murder mostly. I often read thrillers with no real detective. I mean, I also like it when you see everything through the eyes of the murderer.

Interviewer Do you also read old detective stories? Like Edgar Allan Poe or Agatha Christie or Conan Doyle.

Girl I've never read anything by Poe, but my friend Laura says I should. And I've read some of Conan Doyle's Sherlock Holmes stuff, but I'm not a big fan. And I've seen two or three Agatha Christie movies, and they were okay.

Interviewer So what do you really like?

Girl There's a writer called Harlan Coben, and I think his thrillers are really, really good. When you think – ah, finally the case has been solved, there's a new turn and it starts all over again. For his books I could stay up all night.

Interviewer And do you?

Girl No, my mum's totally against it.

Interviewer Do you know any other fans of thrillers and crime novels?

Girl Yes, I do. There's my aunt Betsy, she often gives me crime novels. And there is this chatgroup on the Internet. I get lots of tips from them too.

Interviewer Thank you. Monica. Have fun reading.

Girl <*laughs*> Oh, I will.

UNIT 5

Track 20

Page 38, 2. Sounds right. Listen.

Track 21

Page 39, 6. Listen to the interviews.
Interview One.

Interviewer So Philip, tell us about the job that you'd like to do when you leave school next year.

Philip Sure. I'd like to be a dancer.

Interviewer A dancer?

Philip Yeah, that's right.

Interviewer And why do you want to do that? Are there any dancers in your family?

Philip No, not at all. My dad's a dentist and my mum's a receptionist. Erm, well, I want to be a dancer because I love dancing. I always have, ever since I can remember.

Interviewer What do your family and friends think about your choice?

Philip My family think it's cool. They've seen me dance and they think I'm pretty good at it. But one or two of my friends think it's a bit strange.

Interviewer Do you think they'd feel differently if you were a girl?

Philip Yeah, probably.

Interviewer Right, Tell me, Philip – why do you think men usually get paid more for doing the same job as women?

Philip Well, I think it's because many people still think that it's a man's world, that women should stay at home. But I don't agree with that at all. I think that men and women should get the same money if they do the same job.

Interviewer Are there any jobs that should be done by just men?

Philip Maybe physical jobs. Jobs where you need to be strong.

Interviewer What's more important for you: making a lot of money or doing a job that you really enjoy?

Philip It's difficult to say. I think both are important.

Interviewer Philip, thank you for your time and good luck.

Philip Thanks.

Interview Two.

Interviewer Mandy, what do you want to do when you leave school?

Mandy I'm going to be a soldier.

Interviewer Oh? Are either of your parents in the army?

Mandy No, my mum's an accountant and my dad's unemployed at the moment, but he's looking for a job.

Interviewer So where did you get the idea to be a soldier?

Mandy Well, when I was 13 I joined the junior cadets – you know, that's like the army for children. They teach you how to use guns and things like that. I loved it.

Interviewer What do your family and friends think about it?

Mandy My mum and dad think it's a great idea. There aren't so many girls in the army, so they think I'll do well. My female friends think I'm mad and my male friends think I won't do it. But I will.

Interviewer Do you think they'd feel different if you were a boy?

Mandy I think my male friends might take me more seriously.

Interviewer A completely different question, Mandy. Men often get paid more than women in some jobs, don't they? Do you think that's fair?

Mandy No, I think it's wrong, really. But it isn't true in the army. I think men and women get the same money there. If a woman does as good a job as a man, then of course she deserves the same money.

Interviewer Are there any jobs that you definitely wouldn't like to do?

Mandy I could never be a teacher. Never. I'd hate to have to teach people like me and my friends! It'd be terrible.

Interviewer So what's more important to you: getting a lot of money or enjoying what you do?

Mandy Well money is definitely important, but I could never do a job that I didn't enjoy.

Interviewer What about having a family? Would you give up work to have children?

Mandy If I ever have children, I'll give up work while the children are young but as soon as they start school, I'd go straight back to work.

Interviewer Mandy, thank you and good luck in the army.
Mandy Thanks.

Track 22

Page 42, 15. Listen.
Dialogue One.

Mark So Kelly, how did it go?
Kelly How did what go?
Mark The job interview, of course.
Kelly Oh that. It was OK. But I don't think I've got the job.
Mark Why not?
Kelly Well, it might sound strange, but I had to take Rover with me.
Mark What!? You took your dog to a job interview!? Are you crazy?
Kelly No. But I had to take him to the vet before the interview and I didn't have enough time to take him home.
Mark So you took him to your interview. What did the interviewer say?
Kelly Well, he was a bit surprised. He asked me why I'd got a dog with me. I explained you know, and said sorry, but I don't think he was very happy about it.
Mark No, probably not. What other questions did he ask you?
Kelly Oh, you know. He asked me where I had worked before, so I told him about my jobs at the DVD shop and the clothes shop.
Mark What else?
Kelly Let me see. Oh, he asked me if I liked working with people.
Mark And you said 'yes'.
Kelly Well, of course I did. I'm not going to get a job as a receptionist if I say I don't like working with people, am I?
Mark No, I don't suppose you are.
Kelly Yeah, at least I got the answer to that one right.
Mark So what was your best answer?
Kelly Well, he asked why I wanted to work there and I told him that the company was excellent and that it would be great for my career to work for him. I think he liked that answer.
Mark Yeah. It doesn't seem as if the interview was totally bad.
Kelly Maybe not. It's just a shame about Rover.

Dialogue Two.

Liz You look happy.
Liam I am. I just had a really good job interview.
Liz What for?
Liam To be a junior reporter for the Daily News.
Liz Wow. I never knew you wanted to be a journalist.
Liam I've always wanted to be a journalist.
Liz So tell me more about the interview. What did they ask you?
Liam Well, they asked me if I had any experience of journalism. So I told them all about my work on the school newspaper. I think they liked that.
Liz Yeah. That's really good experience.
Liam And then they asked me when I could start.
Liz Well, that's a good sign.
Liam So I told them I could start on Monday if they wanted.
Liz And what did they say?
Liam They said they'd let me know.
Liz Let's hope they phone you soon.
Liam Yeah, let's hope. I think they really liked me. And there was one question that I gave a really good reply to.
Liz What was that?
Liam Well, the top journalist of the paper asked me what my ambition was. So I told him that I wanted his job.
Liz You said what?
Liam I told him that I wanted his job. I thought it was an excellent reply. It showed them just how much I want to work in the newspaper industry.
Liz Did he laugh?
Liam No, he didn't. Why?
Liz No, nothing. Let's just hope your phone rings soon.
Liam Yeah.

UNIT 6

Track 23

Page 45, 4. Sounds right. Listen and repeat the rhymes.

Track 24

Page 45, 6. Listen and check.

Good evening, and our programme tonight is about hunger. Now, many, many years ago, the idea that there could be enough food in the world for everyone, that no one would need to be hungry, seemed crazy, an impossible idea, a dream. Well, not any more. The fact is that the population of the world today is around <u>six</u> billion people, but the world can now produce enough food to feed a total population of <u>twelve</u> billion people. That's right – <u>twelve</u> billion, twice that number.
So there shouldn't be any problems with hunger, should there? But as we know, there are many problems. Every day, around the world, <u>one hundred thousand</u> people die of hunger – and a child dies of hunger somewhere in the world every seven minutes of every day of the year. There are <u>eight hundred and fifty million</u> people in the world today who do not have enough to eat, they are undernourished. <u>Five hundred and fifteen million</u> of them live in Asia. Africa, too, has problems of course.
Just as one example: in Liberia, in West Africa, <u>eighteen</u> per cent of the population is undernourished, and that number includes an amazing, and terrible, <u>fifty per cent</u> of all the children under ten years of age. And in black Africa, <u>thirty-four per cent</u> of the population, about 186 million people, get so little food that they suffer from what is called 'extreme hunger'. What is extreme hunger? It's when someone only gets about <u>three hundred</u> calories a day. By comparison, in the USA the average intake for adults is between <u>two thousand</u> and <u>three thousand</u> calories a day, although sometimes it's much more.
These figures are frightening and should make the governments of the rich western world stop and think about …

UNIT 7

Track 25

Page 52, 3. Listen to the radio show.

Finally, I would like to say a 'happy birthday' to everyone's favourite Superhero, that man of steel, Superman, who is seventy years old today. Superman made his first public appearance on the 1st June 1938 in Action Comics and went on to become perhaps the most famous of all the superheroes. Actually Superman is a little bit older as he was created by Joe Shuster and Jerry Siegel in 1932. But it took another six years before he came to the public's attention.
So what can I tell you about Superman that you don't already know? He was born on the planet Krypton and sent to Earth as young baby seconds before the

planet exploded. On earth he works as a reporter for a newspaper, The Daily Planet. But whenever there's trouble, he quickly finds a telephone booth and changes into that familiar blue and red costume. He also finds time to fall in love with a fellow reporter at the paper, Lois Lane, who he finally married in the 90s.

Perhaps Superman is so popular because he has so many powers. For example, he can fly, he's very strong, he's very fast, he can see through things, he has super memory, and he hears perfectly. Of course he only uses these powers to find his arch enemies such as Lex Luthor, Doomsday and Bizarro.

Although Superman started out as a comic book hero he has now starred in many films and TV series. I don't know, however, if he saw the funny side of David Zucker's comedy version *Superhero* which was released in 2007.

Track 26

Page 54, 7. Listen to the play.

Kidevil Monday? Where's that dream machine? My dad has given your laboratory a lot of money, and Dr Morgan still has no results.

Monday I'm sorry, Morgan says he needs a little more time. He thinks he can control people's minds with his machine. He thinks he can give them pleasant dreams.

Kidevil He thinks, he thinks. I want results. Stop the project.

Monday Listen Morgan. You've been working on this for more than a year, haven't you? And you haven't got any results yet, have you? Look at you! You sleep badly yourself, or hardly at all, every night.

Morgan But the sleep rays …

Monday Not again, Morgan. I know it sounds awful, but I have to stop the project.

Morgan What? I think I've made breakthrough. I only need a little more time …

Monday No more time, Morgan. That's it. Good bye.

In Morgan's private lab.

Morgan I'll show them. They'll be sorry. I can give them pleasant dreams. And I can give them real nightmares, dreams so bad they'll never forget. Now with that strong ray from my tower I can cover most of the city. Let me see … I just need a person everybody knows. It's easier if everybody has the same kind of nightmare, isn't it? … Oh yes, of course, that's it! Superkid. Everybody knows him. What a nice little idea … *<laughs evilly>*

Janet *<screams>*

Mum What is it, darling?

Janet Oh mum, I had an awful nightmare.

Mum It's alright, Janet. I'm here. What was it all about?

Janet Superkid and I were flying, and he looked down at me and he was smiling – but suddenly everything changed. The sky went dark and then he dropped me. And he didn't fly after me, he just watched me fall. Oh, it was terrible!

Mum It was just a dream, Janet. Shh. Go back to sleep.

Matt Can I talk to you for a moment, Janet?

Janet What is it?

Matt I was talking to Jimmy from the school newspaper just now. He slept badly, too, and he had a real nightmare about Superkid. In his dream he was taking photos of Superkid. Superkid kicked him and threw him off the balcony. And I was talking to some other kids, they all had nightmares about Superkid.

Janet That doesn't sound good, does it? What do you think's happening?

Matt I don't know. I think Superkid should check it out …

Janet Just be careful, Matt.

Woman Help! My house is on fire! And my little girl's still in there!

Little girl Mummy, mummy! Help me!

Superkid Don't be afraid. I'll help you.

Little girl No, go away. You're bad. Go away.

Superkid Here's your little girl.

Little girl Mummy! He's bad!

Matt Do you remember the article in the school newspaper about the sleep research?

Janet Yes. Mr Morgan. I think Ann interviewed him, didn't she?

Matt Maybe he can help us.

Janet I've already checked it out. Nobody knows where he is.

Matt Well, we've got to find him. As quickly as possible. People are really starting to hate Superkid, aren't they?

Kidevil Monday, what's this? I hear that people have nightmares about Superkid. That's excellent news. So is this the breakthrough Morgan was talking about?

Monday Yes, but …

Kidevil Get his machine. And tell him he can have more money.

Monday But I stopped the project.

Kidevil You did what? Well, find him again. I want that machine!

Monday Yes, OK.

Matt It's getting worse and worse, Janet. Things look really bad. Wherever Superkid turns up, people shout at him and tell him to go away. And we still haven't found Morgan, have we?

Janet Yes, I know. If someone can send a signal to so many people, he can control their minds.

Matt That's what's worrying me. Imagine if Kidevil gets that machine!

Janet What a terrible thought. Just a moment. Maybe I've got something here. Look at this map, Matt. Lots of kids are sending us emails about their nightmares. I know some of them, and they all live somewhere around … here.

Matt You're right. That's where we've got to look! It must be somewhere around here, mustn't it? Let me check it out. I'll be back soon.

Janet Be careful, Superkid. *<to*

herself> Maybe I can walk around a little bit. See what's in that warehouse over there. Oh, my God. This looks like a lab. What is this?

Morgan Not much to look at, is it?

Janet Who are you?

Morgan I'm Morgan.

Janet So it's you who is behind all this?

Morgan I only wanted to find a cure for people who can't sleep. I'm not an evil person. But nobody wanted to help me, did they? And now I've destroyed the machine. And I will destroy the plans for it too.

Janet Where are the plans?

Morgan In my head. But not for much longer.

Janet What are you talking about?

Morgan All this must stop. I've swallowed lots of sleeping pills. Finally I will be able to sleep, won't I?

Superkid Janet! Janet! Why weren't you waiting for me? This is Morgan, isn't it?

Janet Yes. Quick. You have to take him to hospital as fast as possible. He's swallowed sleeping pills.

Superkid Alright. I'll see you there. <*swooshes off*> OK. He's asleep. We can go home now.

Janet How is he?

Superkid He's in a coma. But they think they can help him.

Janet Oh, Matt, I'm so glad it's over.

Matt So am I. And, of course, so is Superkid.

Track 27

Page 55, 9. Listen to the song *Superman* by *R.E.M.*

Track 28

Page 55, 9. Song playback.

CD ②

UNIT 8

Track 1

Page 58, 2. Listen and check.

Quizmaster Here comes our next contestant. Welcome to the show, Mary.

Mary Thank you.

Quizmaster Mary, choose an envelope and open it.

Mary OK. It says: 'Australia'.

Quizmaster Great, so, are you ready to answer the 10 questions about Australia?

Mary Yes, I am.

Quizmaster Have you been to Australia, Mary?

Mary Yes, I have. I've got an uncle there.

Quizmaster Nice. OK. Here's the first question. When did the first people come to Australia? Ten thousand years ago, 20 thousand years ago or 40 thousand years ago?

Mary I think it was – 40 thousand years ago.

Quizmaster Correct! It was the Aborigines, of course. So, question number two. Where did they come from? From America, from Africa or from Asia?

Mary They came from Asia – from southeast Asia.

Quizmaster Brilliant. Next question. How big is Australia? As big as the USA without Alaska, as big as South America or as big as North and South America together?

Mary Hmm. I think it's as big as the USA without Alaska.

Quizmaster Great. Mary you've won £500. You can take the money or you can go on. Would you like to go on?

Mary Yes.

Quizmaster But you know that you'll lose all the money if you get a question wrong.

Mary Yes, I do. But I'd like to go on.

Quizmaster OK. Question four. How many people live in Australia?

Mary About twenty million.

Quizmaster Great! Absolutely correct. Next question. What's the capital of Australia?

Mary Canberra.

Quizmaster Right again! Well done. Have you been there?

Mary No, I haven't.

Quizmaster Now for an easy question. Question six. Name three animals that you can only find in Australia.

Mary The koala, the kangaroo and … the wombat.

Quizmaster Excellent! Now can you tell me the names of the three biggest cities?

Mary I think I can. Sydney, Melbourne and Brisbane.

Quizmaster Mary, you really are an expert on Australia. Now – you've already won £1000. Do you want to go on and try to win £5000?

Mary Yes, definitely.

Quizmaster Great. Here are the last three questions. What time is it in Sydney when it is 3 p.m. in Vienna?

Mary Let me think. Ah, it's midnight.

Quizmaster Right! And now for something a little bit more difficult. How many states are there and how many territories?

Mary There are six states and – let me think – two territories.

Quizmaster Perfect. Last question. If you get this one right, you'll be richer by £5000. So – last question. Who is Australia's head of state? Think carefully. The head of state?

Mary It's Queen Elizabeth II.

Quizmaster Mary, you're great. Here's your cheque for £5000! Congratulations!

Mary Thank you.

Track 2

Page 63, 8. Listen and check.

Now the problem in Australia is that there are often great distances between the doctor and the patients. There might be a farm that's 500 km away from the nearest village or town. Or it might take

an ambulance two days to reach an Aboriginal settlement.
The Royal Flying Doctor service provides important medical services to an area of 7,200,000 square kilometres. Imagine: that's almost twice the size of the European Union. We have 45 aircraft and about 450 people work for the Royal Flying Doctor Service. On a typical day, just one day, we make about a hundred landings, we care for about 500 people and we fly more than 35,000 km.
Now let me tell you a bit about our history. The founder was the Reverend John Flynn. He wanted to help the people living in the outback, but it was very difficult. At that time there were only two doctors for a very, very large area. When somebody was ill they had to travel by horse or even by camel.
In 1917, a young medical student who was also a pilot had an idea to solve the problem of the enormous distances: they could use planes. He wrote to Reverend Flynn about it. Flynn was very enthusiastic about the idea, and that was the beginning of the Royal Flying Doctor Service.
One last thing. Most of the people who live far away from a town have a box at home, with drugs, bandages and other first aid materials. Often, the doctor who talks from a town or from the aircraft asks detailed questions about the pain, and then tells the caller which pills to take or to give to the patient. To make communication easier, there's a picture of a human body in the box. And the different parts of the body have got numbers on them, so people can describe more easily where the pain is. The pills in the box are numbered, too.
There's a joke we like to tell about the pills and the numbers.
A man was told by the doctor to give his wife a number nine pill. Later, when the doctor arrived the man said, 'We didn't have any number nine pills any more, so I gave her one number four and one number five.'

PROGRESS CHECK

Track 3

Page 66, Progress Check, Units 5-8. Listen and tick.

Superkid What do you want from me, Kidevil?
Kidevil I want the Black Heart.
Superkid What makes you think I've got it?
Kidevil I know you've got it. I saw you come back from the Mulder Mountains, and I know the Black Heart was hidden there.
Superkid How do you know?
Kidevil Because I hid it there years ago. And now it's time for me to use it!
Superkid It's not yours, Kidevil. It belongs to the Masters from planet Deco. It's only safe in their hands.
It only helps to keep off the Zorians when it's in their hands.
Kidevil But I don't want to keep off the Zorians. I want them here on Earth. I want them to help me rule the world *<laughs madly>*, rule the universe *<laughs more madly>* – and destroy YOU.
Superkid But you don't have it. You have no heart inside you and you don't have the Black Heart.
Kidevil Well, maybe I can change your mind. Look who is with me …
Superkid Janet!
Janet Be careful, Superkid.
Superkid Let her go! This is between us.
Kidevil Give me the Black Heart, and I'll let her go.
Janet Don't trust him, Superkid.
Kidevil Make up your mind. I'm not going to wait any longer.
Superkid Let her go and I promise …
Kidevil The heart or she dies.
Superkid Alright. Here it is. Now let Janet go.
Kidevil I'm sorry *<evil chuckling>* … But I still need her. *<swooshes off, cries from Janet>*
Superkid I'll get you for this, Kidevil, I'll get you for this!

UNIT 9

Track 4

Page 69, 3. Sounds right. Listen and say the sentences as quickly as possible.

Track 5

Page 73, 12. Listen to the ending of the story.

Felicity On the day of the wedding, I felt terrible. But Joy looked really happy, so I tried to smile too. Everyone was wearing suits and flowery dresses – yuck. And then I saw a decent-looking boy. He had a suit and short hair, but he didn't look bad. Not bad at all. A few minutes later he walked over to me.
Lawrence Cousin of the bride?
Felicity Yes. And who are you?
Lawrence I'm Lawrence. Cousin of the bridegroom. So, how do you like it here?
Felicity Well, this isn't exactly my scene.
Lawrence No?
Felicity No. It's all so normal.
And then I realized that Lawrence looked totally normal. 'I mean, I mean …' I stammered.
Just then Uncle Jack walked past and he slapped Lawrence on the shoulder.
Uncle Jack Be careful! She's a vampire.
Felicity Uncle Jack laughed. I ignored him. Then I saw Joy at the other end of the room and I went over to talk to her. I forgot about Lawrence for a while.
Later in the evening I changed into my real clothes. Oh, it was good to be goth again. So I had scared off a good-looking boy, but all in all, the day had been OK. Then, as I was walking back into the hall, I saw a boy coming down the stairs: spiky hair, a plastic top, fishnet sleeves and black leather jeans. Black eye make-up and super-long eyelashes.
Lawrence Hi!
Felicity Oh! Er … Hi! Hi, Lawrence. Er …
I was so surprised I didn't know what to say. Then Lawrence took my hand and we walked off together. When Uncle Jack saw Lawrence, he seemed surprised too.
Uncle Jack What on earth?!
Felicity I smiled at him darkly. I

thought for a moment, and then I said: You'd better watch out! Because now there's two of us!

UNIT 10

Track 6

Page 77, 4. Listen.

Anchorman Today in our series on Great Crimes in History, you will hear about a man who lived in the 19th century. His name was Don Vicente, and he suffered from an illness called bibliomania. As the word suggests, he was fascinated with books, but in an abnormal way.

Reader Great Crimes in History. Don Vicente – the man who murdered for books. It all happened in the 1830s. In Tarragona in the northeast of Spain there was a monk called Don Vicente and he was the keeper of the library of his monastery. He loved books, and he was a very good librarian. Then, one day, the monastery was robbed. The thieves stole all the gold, silver, and a number of books. The books were very old and very precious and the thieves were never found. Shortly after the robbery, Don Vicente left the monastery and the library. A few days later, he arrived in Barcelona where he bought a bookshop. It was a very special bookshop that had a lot of old and rare books. Soon people started talking about Don Vicente because he bought more books than he sold, and he never sold any of the old and expensive books he had. In 1836, there was an auction of a very old, very rare book. It was printed in 1482 by Spain's first printer. People believed that book was the only copy left. Don Vicente wanted to buy the book, but he couldn't. Another bookseller named Augustino Patxot got a lot of support from his colleagues, and he bought the book. Don Vicente was furious. Three days later, Augustino Patxot's shop burned to the ground, and he was found dead inside. Soon, seven other people were killed in Barcelona, and each time one or more of their books were stolen. Because Don Vicente had been so angry at the book auction, the police came to his house, and began to look for the stolen books. It didn't take them long – they found all of them. At first, Don Vicente said that he had nothing to do with the murders. After some time he stopped lying, but only because the police promised that his library was safe and his books would be protected, even if he was sentenced to death. Then Don Vicente was brought before the judge – and it was a dramatic moment.

Judge So you killed eight people, and you stole their books. But each of the men had a lot of money – why did you never steal any of that?

Vicente I'm not a thief, sir!

Judge Not a thief? You stole their books, and you killed those poor men! Are you at least sorry for what you have done? Are you sorry for killing eight people?

Vicente Every man must die sooner or later, sir, but good books must be preserved!

Judge Quiet! Quiet!

Reader The judge had heard enough. He sentenced Don Vicente to death, and he was executed in 1836.

UNIT 11

Track 7

Page 83, 3. Listen and take notes.

Journalist Did you know that more coffee is bought and sold in the world today than anything else, except oil? Now, 70 per cent of the world's coffee is grown on small farms. When there are fixed prices, the farmers earn money. Then they can buy food for their children and send them to school. Now, until 1989, coffee prices never fell below a minimum because there was the International Coffee Agreement.

Boy What's that?

Journalist Well, lots of countries simply said that there would be a minimum price for coffee. But in 1989 the USA killed the International Coffee Agreement.

Girl What was the minimum price?

Journalist It was $1.20 for about half a kilo of coffee.

Boy And what's the price now?

Journalist 50 cents.

Girl 50 cents! That's not even half of what they got before.

Journalist Right.

Boy Why's that?

Journalist Well, the biggest market for coffee is the USA. In 1970 each person in the USA drank about 150 litres of coffee a year. In 2000 it was only 70 litres a year. People had started to drink more soft drinks. Then there's another problem. Farmers produce too much coffee. Now if there's too much coffee it's easy for the big buyers. Oxfam International says that the farmers get about 50 cents for a kilo of coffee from the buyers. Now, guess how much the big buyers sell a kilo of coffee for?

Girl No idea.

Journalist More than seven dollars.

Boy Seven dollars? That's 14 times what the farmers get. That's not fair.

Journalist Of course it isn't. And there's another thing. When people are very poor and hungry they just want to leave, to go somewhere else. So there are lots of people from Mexico and Central America who try to get into the USA.

Girl So what can we do?

Journalist Well, one solution is Fair Trade.

Boy Yeah, we've heard about that.

Journalist I just hope that more people will buy Fair Trade products. Don't forget that Fair Trade coffee is only a very small part of the market.

Track 8

Page 85, 10. Listen to the song *Ebony and Ivory* by Paul McCartney and Stevie Wonder.

Track 9

Page 85, 10. Song playback.

PROGRESS CHECK

Track 10

Page 88, Progress Check, Units 9-11. Listen and choose the correct answers.

Boy When did you start collecting these things, Monica?

Girl Um, I think it was about six years ago. Yes, that's right. I was on holiday with my parents. We went to Spain by car and we stayed in different hotels and I noticed that there was always a pen in the hotel room. You know, they always put pens out for people in case they want to write a note or something. And they're free, of course. So I picked one up in every hotel we stayed at, I don't know why, just as souvenirs really, and when we got home I had, erm, six or seven. And I kept them and just thought, I don't know, it might be nice to start a collection of these things!

Boy And so you started one.

Girl That's right.

Boy And now you have got thousands of them, haven't you?

Girl Erm, well, not thousands, but I've got about 550 all together.

Boy Wow! But you haven't been to that many hotels, have you?

Girl <*laughing*> No! But you see, the really good thing about collecting hotel pens is that all your friends know that you collect them, and when they go off on holiday, they bring a pen back for you – or their parents do. It's much better than getting postcards or things like that. And of course pens are really light, so they're easy to bring back.

Boy So when your friends go off on holiday, they all bring a pen back for you?

Girl That's right. It's like getting a present from everyone's holiday! And that's why I've got so many now.

Boy Have you got a favourite one?

Girl Erm, yes, I think this one's my favourite.

Boy And what's that?

Girl It's from the Ritz Hotel in Paris.

Boy But that's a very, very expensive hotel! You must have some very rich friends!

Girl <*laughing*> No! I'll tell you what happened. A friend of mine called Patricia was on holiday in Paris and went into the Ritz, just for a laugh and to try to get a pen for me, and asked the receptionist to lend her a pen to write a note. And it was a Ritz Hotel pen, it's plastic like other hotels too – but the receptionist said to my friend that she could keep it, and so she brought it back and gave it to me!

Boy It's nice.

Girl Yeah – and I like this one too, it's from San Francisco and we got it when I was there two years ago …

UNIT 12

Track 11

Page 91, 4. Listen.

Chris Did you see the movie last night, the one about the little boy and Auschwitz?

Maggie Oh, *The Boy in the Striped Pyjamas*? No, I didn't see it. I didn't want to because I've just started reading the book. Was it any good?

Chris Well, I've read the book and I've seen the movie, and I have to say the movie is a bit of a disappointment.

Maggie How come?

Chris Well, take the ending, for instance …

Maggie Don't you dare! I haven't seen it! Remember? I'm reading the book …

Chris Oh alright. Still, let me say, the ending came pretty unexpected for me when I read the book. But watching the movie you could see it coming miles ahead.

Maggie Maybe you only did, because you'd read it before.

Chris Maybe, but I don't think so. I think the book is really thrilling, the movie isn't really.

Maggie Okay, so give me the chance to be thrilled. By the way, did you read *Once*?

Chris Yes, and the next book, too. I think Gleitzman is a terrific writer, and he is also very good at telling a story how children would tell it. But the best of them all is *The Book Thief*.

Maggie Yeah, mum got it for me last week. I'm sooo looking forward to reading it. Then again, I won't have time for any movies.

Chris Not even if I ask you out? I'll pay.

Maggie Well, in that case …

Track 12

Page 91, 6. Listen and take notes.

Interviewer Are you a reader, Julie?

Julie I think so, yes. I read two or three books every month. And I read the stuff we have to read for school.

Interviewer Hmm, sounds good. So what are your favourites?

Julie Mostly girls books. Like *The Gossip Girls*, which is all about beautiful and rich girls in New York. I mean, they're rubbish, but they're good fun. And I also like books by Jacqueline Wilson. They're sad *and* funny – and very realistic in a way.

Interviewer What was the last book you read?

Julie Hmm, let me think. Oh yes, *Millions*. It's about two boys who have to spend more than 200,000 pounds in only a few days. This isn't easy – so the younger boy keeps asking saints what to do. He actually sees them – and he knows everything about them. I liked it a lot. There's a movie, too. Me and dad are going to borrow the DVD for the weekend.

Interviewer Thank you, Julie. Fred, what about you?

Fred I'm not much of a reader. I prefer the telly.

Interviewer Does that mean you don't read?

Fred Hey, I didn't say that. I've even got a book with me – look.

Interviewer Oh, *Pirates of the Caribbean – Dead Man's Chest*. I've seen the film. I didn't know there was a book.

Fred Yeah, it came out after the film.

Interviewer So you're reading it because you liked the film so much.

Fred That's right. It's an easy read. And I really like the films.

Interviewer Is there anything else you read? Or only books of films?

Fred Well, sometimes I read an R. L. Stine book. He writes horror books for kids. That's OK for me – easy reads and good fun.

Interviewer Right, Fred. Thanks a lot. What about you, Lisa?

Lisa I quite like reading. Historical novels mostly; or books about politics and history.

Interviewer Really?

Lisa Yes, I did two projects in history last term. Mostly I read about the Nazi times …

Interviewer So you know Anne Frank and *When Hitler Stole the Pink Rabbit* and stuff like that?

Lisa Of course I do. But I've read lots of other books as well, like *The Boy in the Striped Pyjamas* or *Once* by that Australian writer.

Interviewer What's that one about?

Lisa About a little boy in Poland at the time of the Nazis. He's looking for his parents. It's a really sad, sad book, and I think it's as good as the striped-pyjamas book.

Interviewer What else do you read?

Lisa Well, like I said, historical novels. About the Middle Ages, for example. There are some very good books, like the books by Karen Cushman, who tells you about the past through the eyes of girls.

Interviewer Thank you. And you, Farid, what about you?

Farid I'm totally into fantasy. Of course, I've read the *Harry Potter* books, and *Lord of the Rings*. But I've read Philip Pullman's *His Dark Materials*, too, it's a really great trilogy.

Interviewer Right. And what are you reading at the moment?

Farid One of the *Artemis Fowl* books.

Interviewer Tell us about it.

Farid Well, they're books by an Irish writer, Colfer, and Artemis Fowl is a 12-year-old master criminal. In the first book he wants to steal gold from the fairies, and that's how he gets in touch with fairies like Captain Holly Short. In the other books he has a lot of adventures – looking for his lost father, helping the fairies and so on. In the one I'm reading – it's *Artemis Fowl and the Lost Colonies* – he's helping the fairies against demons.

Interviewer Sounds good. So would you call yourself a reader?

Farid Definitely. I love books.

UNIT 13

Track 15

Page 102, 9. Listen to the radio advert and complete the text.

Human history is full of stories of explorers who have risked their lives to go places no one has ever been before – from the top of the highest mountain to the bottom of the deepest sea.

Would you like to join them? You can win ten million dollars at the same time!

We offer the Ansari X prize to the first people to build a spaceship that can be used more than once. Interested? These are the rules.

One: The spaceship must be able to carry three adults.

Two: The spaceship must reach a height of one hundred kilometres. This height is where a space orbit begins.

Three: The spaceship must return with no damage and no injury to any of the crew.

Four: A second flight must be made within two weeks using the same spacecraft.

Five: No government money can be used in the project.

Does that sound easy? What are you waiting for?

Track 16

Page 102, 10. Listen and tick.

The race for space is over. The ten million dollar Ansari X Prize has been won by a rocket called SpaceShipOne. The privately-owned spaceship flew up to a height of 115 km, 15 km more than the height that the rules asked for. The flight took place yesterday Monday 4th October. It was SpaceShipOne's second flight in a week. The rules demanded that the winning space ship should do two flights in two weeks.

'Today we have made history. Today we go to the stars,' said Peter Diamandis, one of the men who created the prize.

The prize was offered to try and create an interest in private space travel. Many people believe this will be a multibillion dollar business in a few years with people paying a lot of money to take a trip on rockets like SpaceShipOne.
Pilot Brian Binnie described the flight as 'great' with a little roll. He also described the view as incredible.
He was welcomed on the ground by all his family and Paul Allen, who put forward the money for the project.
He was also met by businessman Richard Branson. Richard Branson has recently started Virgin Galactic and has plans to start commercial flights using SpaceShipOne technology. Branson believes he will be able to offer space flights for about $200,000. He also hopes to fly 3,000 people into space over the next five years.

Track 17

Page 102, 11. Listen to the song *Ticket to the Moon* by *Electric Light Orchestra*.

Track 18

Page 102, 11. Song playback.

UNIT 14

Track 19

Page 111, 10. Listen to the story 'The day I thanked my lucky stars and my dog'.
On my 17th birthday I got my driving licence. It was on a very hot Friday in July that I will never forget. When the postman arrived, my family cheered because they knew that the driving licence was inside. Right after lunch my dad asked me to take Sarah, my eight-year-old sister, to her friend's place because she wanted to sleep over.
Sarah's friend lives about 25 miles away. I was really happy. 'Hey, my father wants me to drive on the day I got my driving licence,' I thought.
When I put Sarah's bag into the back of our car – we've got a big estate car – our dog Buddy jumped into the car. 'Get out, Buddy,' I shouted, but Buddy just lay down on the blanket that we always keep in the car.
Then my sister came, we got into the car and off we went. We were still in town when Sarah said she wanted an ice cream. So I went into the parking area of a shopping centre and parked the car. I told my sister to wait and ran off without locking the car. I quickly got the ice cream and went to the cash desk. The lady in front of me was paying with her credit card and there was something wrong with it.
'Please, please, hurry up,' I thought. Finally it was my turn. I put the money on the desk and ran out of the shop. About five metres from the car I froze. There was a man in the driver's seat who was trying to start the car. Suddenly I saw Buddy open his big mouth and close his teeth round the man's neck. The next moment the car door opened, the man fell out, then he got up and ran away.
I ran over the car to see if Sarah was alright. 'Have you got the ice cream?' she asked. With shaking fingers I handed her the ice cream. 'There was a man in the car,' she said calmly. 'I told him to get out of our car and he simply fell out.'
'Let's go back to the shop,' I said. 'Let's get something for Buddy. 'Great, and another ice cream for me,' Sarah said.

Track 20

Page 113, 12. Sounds right. Listen and mark the stress in the words.

PROGRESS CHECK

Track 21

Page 114, Progress Check, Units 12-14. Listen and tick.

Laura Did you see the film yesterday?
Martin What film?
Laura That old science fiction movie, *Plan 9 From Outer Space*.
Martin No, I didn't. And it doesn't sound very interesting. Was it any good?
Laura No, it's one of the worst movies ever. Actually, it's famous because it's so bad.
Martin Why watch it then?
Laura Because it's so bad that it's interesting to watch.
Martin What's it all about?
Laura Oh. Well, these aliens come to earth and turn people into zombies and stuff.
Martin Sounds terrible. Why watch it then – you still haven't told me.
Laura Because of all the mistakes, like the police car drives off in daylight and only five minutes later it's totally dark. Or you can see the piece of string attached to the UFO.
Martin Very bad special effects?
Laura *Very* bad. And things to laugh at, like when one of the actors died, they asked another actor to play his part. And he had to cover his face with his coat all the time. Totally funny.
Martin Is there a DVD?
Laura Yes, of course.
Martin Well, I'll check out the movie in Wikipedia, and then I might just borrow the DVD.
Laura Do that!

CLIL

Track 22

Page 122, 1. Listen and check.

One. Glaciers are getting smaller because the earth is getting warmer.
Two. We can call glaciers rivers of ice because they move. There is a glacier in Pakistan that moved more than a hundred metres in one day back in 1953.
Three. Very big glaciers can be 80 kilometres long.
Four. Glaciers cover about ten per cent of the Earth's land area.
Five. Glaciers have 75 per cent of the Earth's fresh water.
Six. The Antarctic ice is about 4,000 metres thick in some places.
Seven. Most of the glaciers in the USA are in Alaska.
Eight. The answer is yes. There are glaciers in every continent.

MEET THE STANDARDS

Track 23

Listening practice test part 1 – short text.
Short listening text 1.

Man 1 Hannah, can you check something for me on the Internet?
Woman 1 Hang on a minute. I need to go online. Right. What is it?
Man 1 When are there trains to Oxford in the morning?
Woman 1 I'll check straightaway. OK, here we go. There aren't many. Let me see. There's one at 6.15 and then there is one at 8.15.
Man 1 OK. Thanks.
Woman 1 No, wait a minute. There's another one at 10.10.
Man 1 Fine, I'll take that one.
Woman 1 Ah, there's another one at 11.50.

Man 1 That one's too late for me. Thank you.
Woman 1 OK.

Short listening text 2.
Holly Welcome back. I hope you had a good holiday.
Charles It wasn't bad really. Definitely much better than last year.
Holly Where did you go?
Charles To Tenby.
Holly Never heard of it. Where is it?
Charles In Wales.
Holly Wales? Sounds interesting. Tell me more.
Charles Well, we went by car. 'We', that's me and my parents and my sister, and we had quite a lot of fun actually. We did quite a bit of swimming, and we walked around the town almost every day. There's also a rather interesting museum, and one day we went to an island.
Holly Sounds good.

Short listening text 3.
Man 2 Yes, please?
Woman 2 Good evening. Sorry to disturb you, but I think I need to talk to you. It's about your dog. It's digging holes in my garden.
Man 2 That's absolutely impossible. How can my dog get into your garden? There's a fence as you know.
Woman 2 There's a hole in the fence.
Man 2 Well, maybe there is. But believe me, our dog doesn't dig holes in other people's gardens. And anyway, how do you know it's my dog?
Woman 2 I took a photo. Have a look.
Man 2 Oh. I'm sorry. I'll fix the fence straightaway.
Woman 2 Thank you.

Short listening text 4.
Tourist Are hippos dangerous?
Guide Well, it depends. They can be.
Tourist What do you mean?
Guide You see, hippos feel safe in the water. But they often come on land to eat. Then they are dangerous. Three years ago there was a case when a hippo killed a tourist.
Woman Oh, that's terrible.
Guide This tourist wanted to take a photo of a hippo on land. He was walking along the river, you see. Suddenly the hippo came out of the bushes, and the man was between the hippo and the water. The hippo reacted to that and ran the man over.

Short listening text 5.
Joe Mum, can you give me twenty pounds please?
Mum What for, Joe?
Joe Well, to be honest, I want to get myself a tattoo.
Mum I don't think this is a good idea.
Joe But Mum, Kevin's got one.
Mum What if you don't like your tattoo in two years' time? Then you can't get rid of it any more.
Joe Mmh, I don't know really.
Mum Once you've got a tattoo, you can't take it off. You would need an operation, Joe.
Joe Maybe a tattoo isn't such a good idea.

Track 24

Listening practice text, part 2 – longer text. Listen and tick the correct answers.

Man OK. Did you all see the TV programme last night about the paparazzi? Yes? No? The photographers who run after famous people – paparazzi. It was a good programme, I thought. And it raised a big question – do newspapers and magazines talk about famous people too much? What do you all think? Benny?
Benny Absolutely. I think it's terrible. Film stars and sports stars are just people and they want to live their lives, they don't want photographers running after them all the time. I think there should be a law – a law that says you can only take a photograph of someone if the person says it's OK – a law that stops paparazzi taking photographs.
Man Interesting! Do the others agree? Janine?
Janine I'm not sure. I mean, I agree that famous people want to live their lives like you and me, but I don't agree with Benny about a law. I don't think that's a good idea. The way to stop this is for people not to buy the newspapers and magazines. It's only because people buy newspapers and magazines with photos of famous people that the paparazzi have a job. So if we all just stop buying them, then it won't be a problem any more, will it?
Man That's a good point. What do you think, Andrew?
Andrew I don't see what the problem is at all. If you're good at what you do, like film stars or footballers, then you're famous. And then people want to know about you. If they can't buy newspapers, they'll buy magazines. Or they'll watch TV. So why shouldn't we read about successful people, famous people? It's natural – it's natural for people to be interested in other people. So I don't think that newspapers and magazines talk about famous people too much, no – not at all.
Man Alright Andrew. Thanks a lot. OK – does anyone else have anything to say about this? Yes? Jenny …

Key to Worksheets

UNIT 1

Worksheet 1

1 had, 2 was staying, 3 decided, 4 was waiting, 5 was slowly getting, 6 asked, 7 was running, 8 told, 9 happened, 10 tried, 11 answered, 12 arrived, 13 was, 14 was already waiting

Worksheet 2

1 told, 2 tried, 3 was explaining, 4 were sitting, 5 were talking, 6 were also singing, 7 was, 8 got off, 9 went, 10 took, 11 noticed, 12 was missing, 13 were searching, 14 were looking, 15 appeared

UNIT 2

Worksheet 1

❶ 1 murder, 2 weapon, 3 evidence, 4 victim, 5 blackmail, 6 murderer, 7 witness

Worksheet 3

1 got, 2 saw, 3 was sleeping, 4 noticed, 5 had opened, 6 hadn't heard, 7 was, 8 organised, 9 invited, 10 said, 11 was, 12 walked, 13 had put, 14 remembered, 15 had left, 16 decided 17 had to see, 18 (had) happened, 19 had met, 20 practised, 21 had fallen, 22 had landed, 23 had woken, 24 had been

Worksheet 4

1 was, 2 hadn't set, 3 had to sit, 4 had been taken, 5 was, 6 hadn't eaten, 7 wasn't able to, 8 had forgotten, 9 hadn't finished, 10 had, 11 played, 12 were, 13 hadn't scored, 14 had won, 15 got, 16 had had, 17 had eaten

UNIT 3

Worksheet 1

1 That's why my parents want me to study hard for school.
2 I want my readers to be more tolerant.
3 They wanted local people to stop a new motorway project.
4 They want them to understand these problems.
5 I want us to make the world a better place for them.
6 I also want you to stand up for your rights!

Worksheet 2

❶ **a**

1 although, 2 because of, 3 so that, 4 however

Worksheet 3

1 She wants him to take the dustbin out.
2 She wants them to do exercise 5.
3 He wants the dog to get the stick.
4 She wants her to tidy her room.
5 He wants her to come to his party.
6 He wants them to stop talking.

UNIT 4

Worksheet 1

T, T, F, T, F, F

Worksheet 3

❶ 1 Jasper Ford, 2 Oliver Wilson, 3 Isabel Miller, 4 Detective Ward, 5 Charles Dunning, 6 Inspector Fell

❷ 1 Jasper Ford explained that he had worked in that company for forty years because he liked it there. He added that he was a friend of John Murdoch and of his father.
2 Oliver Wilson told Inspector Fell that he hadn't killed his uncle. He reported that they had gone up to his office but the door had been locked.
3 Isabel Miller claimed that she had put her hand through the glass window and had felt a key in the lock.
4 Detective Ward reported that they had found something in the wastepaper bin. He thought that Inspector Fell would be interested in it.
5 Charles Dunning said that it was just a spot of red wine on his jacket. He added that if they didn't believe him, they could send it to their labs and analyse it.
6 Inspector Fell told Sergeant Jenkins that they would call in the suspects. He added that he finally knew who the murderer was

Worksheet 4

Part 1:

1 The teacher told the students that that day Helen was going to tell them something about the Boston Tea Party.
2 Helen explained that Boston had been a very important place in America in the 1700s. It had been an important port. Ships had gone in and out and had taken things in and out of America.
3 Helen told her classmates that about 1730 the government in Britain had started to ask the Americans to pay taxes. But the Americans hadn't been happy about that and things hadn't been very good between Britain and America at that time.

Part 2:

1 The Americans said that they wouldn't pay any money to the British any more."
2 The Americans said that the next day they were going to get on board of the three ships loaded with tea in Boston Harbour.
3 The British said that they had taken control of their ships and that they couldn't do that. Those ships belonged to them.

UNIT 5

Worksheet 2

a She/He asked him

1 … if he had always worked as a tour guide.
2 … why it was the ideal job for him.
3 … if he sometimes got very tired in his job.
4 … if he had ever experienced a dangerous situation.
5 … what his favourite countries and cities were.
6 … if he could recommend working as a tour guide.

b

I: Have you always worked as a tour guide?
P: No, I was/worked as a bank clerk before that.
I: Why is it the ideal job for you?
P: I like meeting new people and I love travelling. It's never boring.

I: Do you sometimes get very tired in your job?
P: Sometimes, yes. Especially with large groups. It's not a nine to five job.

I: Have you ever experienced a dangerous situation?
P: Yes, once at a campsite. There was a terrible thunderstorm. Tents were flooded and trees blown down (by the wind).

I: What are your favourite countries and cities?
P: My favourite countries are Italy and Spain. My favourite cities are Rome, Florence and Barcelona.

I: Can you recommend working as a tour guide?
P: Absolutely, yes! It's a great challenge. (You'll love it.)

Worksheet 3

a She/He asked me
1 … when the Salem Witch Trials had taken place.
2 … why many visitors went/go to Salem each year.
3 … how many people had been killed in the Boston Massacre.
4 … when the Boston Tea Party had taken place.
5 … what the name of Boston's most famous baseball team was/is.
6 … how often the New England Patriots had won the Super Bowl.
7 … where people could relax in Boston.
8 … what special food people often ate/eat in restaurants in Boston.

b 1 They took place in 1692., 2 They go there to visit the Salem Witch Museum., 3 Five Americans were killed in the massacre., 4 on December 16th, 1773, 5 the Boston Red Sox, 6 three times, 7 in the Public Garden, 8 lobster

UNIT 6

Worksheet 1

❶ artificial, healthy, nutritious, Fresh, tasty, fattening, revolting, filling, harmful
❷ F, F, T, T, T, F

Worksheet 3

had worked, had been, had liked, had been, complained, thought, was, had written, expected, had always wanted, was, wasn't, hadn't thought, wasn't

Worksheet 4

1 rushed, had forgotten, 2 felt, had drunk, 3 couldn't find, had stolen, 4 had to sit, had eaten, 5 couldn't sleep, hadn't eaten, got, 6 had worked, went

UNIT 7

Worksheet 1

❶ 1 small, 2 big, 3 happily, 4 quickly, 5 fast, 6 strong, 7 clearly, 8 good, 9 perfectly, 10 evil, 11 dangerous, 12 bravely
❷ 1 quickly, 2 easy, 3 bad, 4 harmful, 5 carefully, 6 good, 7 slowly, 8 easily, 9 active

Worksheet 3

1 aren't you, 2 don't you, 3 does she, 4 is he, isn't he, 5 can't you, 6 won't you, 7 don't you

Worksheet 4

F, T, F, F, F, T

UNIT 8

Worksheet 1

❶ 1 are, 2 arrives, 3 leaves, 4 climb, 5 fly, 6 touches

Worksheet 3

1 excitedly, 2 quickly, 3 quietly, 4 good, 5 impossible, 6 safely, 7 hot, 8 dry, 9 completely, 10 dangerous, 11 difficult, 12 clever, 13 carefully, 14 suddenly, 15 weak

Worksheet 4

a
1 She lives on a sheep farm in the central outback of Australia.
2 The nearest school is in Alice Springs, more than 300 km away from her home.
3 She meets them two or three times a year.
4 She is connected to them via the Internet.
5 Her parents' homework was picked up by the Flying Doctors Services.
6 The "classroom" covers an area of 1,300,000 km² and 160 students go to her school.

UNIT 9

Worksheet 1

a
1 If you show your feet or shoes in Thailand, people might think that you want to insult them.
2 Japanese people may smile if they are confused or angry.
3 People in the Middle and Far East might think that you are unclean if you pass something to another person with your left hand.
4 It could get you into trouble to use the gesture that means "OK" in some countries like Brazil.
5 It might not be a good idea to use the same gesture in France because it means "zero" or "worthless" there.
6 People in Japan may not feel comfortable if you don't keep a distance of 90 cm when talking to them.
7 In Greece or Bulgaria people could take a "yes" for a "no" if you nod your head.

b
1 Tibet
2 three to four times
3 in (some parts of) India

Worksheet 2

1 It began in Great Britain during the early 1980s.
2 The word goes back to the Goths, a German people from the East.
3 There is a love of strange, dark things, horror and the supernatural.
4 They usually wear black clothes and large crosses. They have dyed black hair and wear lots of dark make-up.
5 They want to express that they are special and different.

Worksheet 4

1 He might fall off the ladder.
2 The shark might/may/could attack the surfer.
3 The girl might/may/could fall asleep.
4 The candidate might/may/could win £10,000.
5 He might/may/could miss the bus.
6 The storm might/may/could blow away their tent.
7 She might/may/could buy a new pair of jeans.

UNIT 10

Worksheet 2

1 illegal, 2 looked at, 3 rarest, 4 taken to prison, 5 check out, 6 famous, 7 already, 8 from

Worksheet 3

1 spent, 2 went, 3 had, 4 brought, 5 started, 6 knew, 7 wanted, 8 have you collected, 9 have collected, 10 Did you buy, 11 bought, 12 asked, 13 has just given, 14 haven't lost

Worksheet 4

1. 1 was, 2 flew, 3 stayed, 4 has known, 5 met, 6 Have I told, 7 asked, 8 had to, 9 changed, 10 felt, 11 was, 12 have never met, 13 had, 14 promised, 15 have spent, 16 has already sent
2. 1 I've travelled, 2 I've worn, 3 was, 4 told, 5 wasn't, 6 talked, 7 said, 8 liked, 9 weren't, 10 I've never had

UNIT 11

Worksheet 1

1. 1 worked, 2 goes, 3 were, 4 would buy, 5 will sell, will move, 6 would send
2. 1 had known, 2 wouldn't have asked, 3 wouldn't have had, 4 hadn't paid, 5 would have used, 6 had continued

Worksheet 2

1 the Amazon rainforest, 2 50, 3 1,000 years, 4 1,300, 5 20 – 40, 6 rainy season, 7 70 kg, 8 losing trees from the rainforest, 9 preserve, 10 are not cut, 11 fixed price, 12 19,000 tons

Worksheet 4

1 had left, 2 would have felt, 3 hadn't said, 4 wouldn't have had, 5 wouldn't have heard, 6 wouldn't have taken, 7 hadn't been, 8 wouldn't have fallen

UNIT 12

Worksheet 2

1. thriller: --; detective: 2; fantasy: 1; historical novel: --; adventure: 1 & 2; science fiction: --; young adult novel: 1 & 2
2. F, T, T, F, T, T

Worksheet 4

a

1 ourselves, 2 myself, 3 yourself, 4 herself, 5 himself, 6 themselves, 7 myself

b

1 look after herself, 2 enjoy yourselves, 3 wrote … himself, 4 read … yourself, 5 've got ourselves, 6 call myself

UNIT 13

Worksheet 3

1 came up with, 2 looked at, 3 take off, 4 run out of, 5 returns to earth, 6 turn … into, 7 wait for, 8 set off

Worksheet 4

1. 1 for, 2 on, 3 at, 4 from, 5 up, 6 up
2. 1 As the plane took off, 2 She doesn't get on well with him., 3 they had run out of fuel., 4 Michael came up with a really great idea., 5 just hung around there., 6 day turned into night., 7 Soon after we had set off,

UNIT 14

Worksheet 2

1b, 2c, 3c, 4b

Worksheet 3

1. 1 incorrect, 2 unfair, 3 impossible, 4 unreal, 5 illegal, 6 irresponsible, 7 impersonal, 8 unhealthy
2. 1 unhealthy, 2 impossible, 3 irresponsible, 4 illegal, 5 impersonal, 6 unfair, 7 incorrect, 8 unreal

Worksheet 4

1. 1 careful, careless, 2 beautiful, 3 hopeful, hopeless, 4 homeless, 5 successful, unsuccessful, 6 meaningful, meaningless
2. 1 unsuccessful, 2 homeless, 3 careless, 4 meaningless, 5 beautiful, 6 hopeless